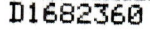

Segundo o poeta Paul Valéry, o homem precisa de mais do que uma simples comida. Necessita de uma certa e particular *cuisine*. Ultrapassa, portanto, os estreitos limites cotidianos em nome de uma transcendência de ordem estética. Ciente disso, o Banco Primus prefere adotar um conceito mais amplo de capital, que envolve, para além da dimensão econômica e financeira, toda a esfera estética, cultural e social da riqueza de um indivíduo ou de uma nação. Apoiar a iniciativa da publicação deste livro significa incentivar uma reflexão sobre a continuidade entre economia e cultura, imprescindível para a adoção de uma prática produtiva de modernização.

MINISTÉRIO DA CULTURA
Francisco Weffort - Ministro

INSTITUTO DO PATRIMÔNIO HISTÓRICO E ARTÍSTICO NACIONAL
Glauco Campello - Presidente

MUSEUS CASTRO MAYA
Vera de Alencar - Diretora

PROJETO EDITORIAL   Ângela Meirelles Dias, Aymar Eckstein Svartsnaider

COORDENAÇÃO GERAL   Vera de Alencar, Vera Beatriz Siqueira

COORDENAÇÃO EDITORIAL   Julio Bandeira, Paula Salgado Quintans (Assistente)

TEXTO   Vera Beatriz Siqueira

PESQUISA   Julio Bandeira, Vera Beatriz Siqueira, Paula Salgado Quintans
COPYDESK E REVISÃO   Elisabeth Lissovsky   COLABORAÇÃO ESPECIAL
Claude Troisgros, Elizabeth Castro Maya,   DEPOIMENTOS   Gina Mello e Cunha,
Maria Luiza Sertório, José Mindlin, Lúcio Costa   FOTOGRAFIA   José de Paula Machado,
Nelson Monteiro   PRODUÇÃO DE ARTE   Luiz Antonelli, Anaildo Bernardo Baraçal,
Aymar Eckstein Svartsnaider   APOIO MUSEOLÓGICO   Anaildo Bernardo Baraçal,
Yara de Moura   APOIO ADMINISTRATIVO   Roberto de Almeida Bispo
AGRADECIMENTOS   Elza Osório, Richard Raillez, Kátia Leite Barbosa

IMPRESSÃO   J.Sholna   FOTOLITO   PrismaColor

PROJETO GRÁFICO / ASSISTÊNCIA EDITORIAL
PVDI DESIGN   Nair de Paula Soares, Mariana Rodrigues

ANFITRIÃO

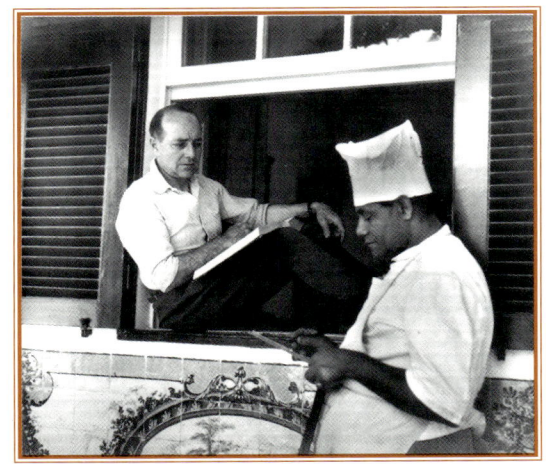

7 Apresentação (Vera de Alencar)

13 Prefácio (Claude Troisgros)

15 A Enciclopédia Mágica de Castro Maya (Vera Siqueira)

17 Pescarias - Cachoeira Dourada e Cabo Frio

21 Festa "Noite de Reis"

29 Festa "Tableaux Vivants do Louvre"

35 Festa "Circo Pery"

48 Almoço em Homenagem ao Presidente do Chile

54 Jantar de Inauguração do MAM e Vernissage da Chácara do Céu

71 Menus e Receitas (interpretadas por Claude Troisgros)

90 Cronologia

Verão no Açude

A prática de receber com requinte e gosto remonta a pelo menos duzentos anos. Poder-se-ia recear seu desaparecimento numa sociedade de massas, mas felizmente essa arte adaptou-se ao contexto da vida moderna e parece cada vez mais fundamental e imprescindível para a vida do homem civilizado.

É certo que há uma tendência a se identificar o ato de receber ao mundo dos interesses – nos planos da política, dos negócios, das ambições diversas. Embora tal afirmação seja verdadeira, abrir a casa às pessoas significa, antes de tudo, manifestar apreço. Só chamamos aqueles a quem estimamos, cuja presença nos dá prazer.

Este era o caso de Castro Maya. Acreditava que compartilhar de uma mesa aproximava as pessoas, gerando laços de amizade. Ocupava-se pessoalmente de todos os detalhes, quer de uma festa a fantasia, de um jantar, de um banquete ou simplesmente da visita de um amigo. Para esse anfitrião, escolher a louça, os talheres, os copos, a toalha, os vinhos, o menu (ilustrado por artistas plásticos famosos), providenciar inusitados arranjos de flores e frutas e cuidar de toda a decoração da casa era, sem dúvida, dar forma ao mundo do afeto e do "desinteresse" que, segundo a análise feita por Vera Siqueira, concede à arte e à sociabilidade um valor em si.

Facultando aos outros os meios para viver em harmonia estética, gosto e arte, certamente contribuiu para a criação de um estilo. E este estilo é o que se pretende difundir por meio desse livro que aborda uma faceta ainda pouco conhecida da coleção formada por Castro Maya e de sua múltipla personalidade. Esperamos que possa ser apreciado com a mesma satisfação que tivemos ao realizá-lo.

Vera de Alencar
Diretora dos Museus Castro Maya

"Na casa dele no Alto, tudo foi na casa do Alto... A casa do Açude, ele a tinha reformado completamente, era uma casa do início do século, meio pobre, que ele puxou para um estilo luso-brasileiro."

Maria Luiza Sertório

"A partir da década de cinqüenta Raymundo já não recebia com as grandes festas de que eu ouvira falar. Passou a dar pequenos jantares em Santa Teresa, mas sempre com um gosto fora do comum, seja para a prata, aquelas loucas Companhia das Índias, seja para receber, sempre com muito requinte e bom gosto."

Gina Mello e Cunha

Chácara do Céu

Jean Baptiste Debret   (1768-1848)
Um jantar brasileiro   1827
aquarela sobre papel,
(coleção Museus Castro Maya)

Prefácio

O gosto pelo estrangeiro, pelos modismos que vinham de fora, sempre deslumbrou certas elites brasileiras. Até 1808, esses gostos eram clandestinos, sendo raramente satisfeitos, mas, após Portugal ter aberto portos a outras nações, esse fascínio pelo que não era daqui iria conhecer o delírio. Se não houve um cozinheiro na Missão Francesa de 1816 era porque os *chefs* ainda eram raros e muitíssimo caros, mesmo na França daquela época. Do contrário, além de pintores, arquitetos, escultores, medalhistas, etc., cozinheiros daquele tempo versados na arte recém-redescoberta, como os contemporâneos Marie-Antoine Carême e Anthelme Brillat-Savarin, teriam sido contratados para trazer a *Physiologie du Gout* às plagas brasileiras.

Nascido em Paris, Castro Maya soube levar para seu país a sensibilidade gastronômica do verdadeiro *gourmet* ao buscar na própria terra a alegria do palato. Cozinheiro sensível, procurou nos peixes, nas frutas e nas carnes do Brasil uma autenticidade de sabores que antes chegavam aqui traficados, muitas vezes como uma evocação bolorenta, uma sensaboria que a distância e os calores da travessia transformavam numa farsa. Ele descobriu os sabores deliciosamente simples dos peixes pescados em rios e nas águas de Cabo Frio, prazeres desfrutados dantes por caboclos e caiçaras privilegiados. Eram o dourado, o tambaqui, os camarões e os pequeninos linguados brancos de areia que servia aos seus convidados. Sim, sabia fazer também uma *sauce mousseline* extraordinária, com a qual cobria os pescados de Arraial do Cabo.

Eu nasci, meio século depois, também na França, mas sinto-me, pelo que li em seus delicados menus, sobretudo um alegre aprendiz dessa cozinha brasileira que reserva ainda tantas descobertas. A recriação desses cardápios é uma pequena homenagem a esse homem que buscou e trouxe da França as quase seiscentas aquarelas de Debret, o artista daquela primeira missão de franceses que melhor documentou o que os brasileiros comiam e bebiam juntamente com os frutos da terra. Foi Castro Maya que, muitos anos após a chegada daqueles meus compatriotas contratados por Dom João VI, levou aos salões os ingredientes daqui. Uma das facetas do *gentleman* esclarecido que uniu a *bonne chère* do país ao precioso universo das coleções reunidas nos museus da Chácara do Céu e do Açude.

Claude Troisgros

"Eu mergulhando em Biarritz, 1920"

A Enciclopédia Mágica de Castro Maya

Vera Siqueira

No arquivo pessoal de Raymundo Ottoni de Castro Maya encontramos uma fotografia em que ele aparece, ao centro de um fundo uniformemente claro, no momento de um salto de mergulho. Esta foto, colada em um dos inúmeros álbuns que o industrial e colecionador brasileiro montou, possui como legenda a frase: "Eu mergulhando em Biarritz, 1920". Embora flagre o instante breve em que o corpo ganha forma curva, no vôo que antecede a entrada na água, a foto dispensa qualquer naturalidade, em favor de uma composição artística. Nela aparece retratado não um corpo qualquer, um mergulho comum, e sim toda a cultura física de um homem que se dedicou aos esportes aquáticos com o mesmo "desinteresse" com que adquiriu milhares de objetos de arte.

Açude, 1935

Desde Kant muito se tem falado sobre o prazer desinteressado que deriva da apreciação do belo artístico, o que significa afirmar o valor em si mesmo da arte. Ainda que possamos avistar, na atividade do colecionador, o acréscimo de um valor financeiro ou classificatório, o próprio ato de colecionar implica a admissão de um desinteresse fundamental, capaz de desvelar, por si mesmo, o valor intrínseco à realidade material do objeto. Foi este prazer desinteressado que Walter Benjamin associou ao elemento simultaneamente senil e pueril presente em todo processo de formação de uma coleção: acreditar que a compra de uma peça equivale ao seu renascimento, à redenção de sua existência, cujo destino seria pertencer àquela coleção.[1]

"Eu o conheci na segunda metade dos anos trinta, tinha vinte e quatro anos, era bastante diferente, por ser *raffiné*, mais artista, no sentido de procurar coisas muito mais interessantes, valorizando o Brasil."

Maria Luiza Sertório

---

(1) Walter BENJAMIN, "Desempacotando a minha biblioteca". *In: Obras escolhidas.* v.II: Rua de Mão Única. São Paulo: Brasiliense, 1987. p.229.

Tal desinteresse, que aproxima a aquisição da interpretação de um destino intrínseco do objeto, manifesta-se no colecionador Castro Maya na sua relação com o próprio corpo. A partir do século XIX, a prática de esportes vinha sendo pensada como uma via de controle das pulsões agressivas, desenvolvendo alguns dos valores básicos da sociedade burguesa vitoriana: o empenho e o talento individuais, a cooperação, a obediência a regras, a hierarquia, entre outros.[2] A isto acrescenta-se o valor distintivo de certas práticas desportivas, associadas à alta burguesia, com inegáveis tons aristocráticos, que se distinguiam dos esportes populares pela ênfase numa filosofia ascética sobre o uso do corpo: a cultura física. Segundo Pierre Bourdieu, essa expressão paradoxal enfatiza a cultura, apresentando-se como *antiphysis*, esforço controlado de construção de uma retitude corporal, que se distingue do antiintelectualismo reinante no universo dos esportes populares e se avizinha de outras atividades sociais, como jantares e recepções, cuja gratuidade e desinteresse possibilitam a acumulação de capital social.[3]

Logo, parece não ser coincidente o fato de Castro Maya articular as três facetas: colecionador, desportista e renomado anfitrião brasileiro. Em todas essas atividades manifesta-se o prazer desinteressado, que concede à arte, ao corpo e à sociabilidade um valor em si. Representante oficial no Brasil da *International Game Fish Association*, com sede no Metropolitan Museum de Nova York, Raymundo de Castro Maya também praticava pólo, corrida de carros, natação e esqui aquático, tendo sido patrono de regatas e concursos de pesca, além de sócio fundador de importantes clubes esportivos no Rio de Janeiro, tais como o Fluminense Yatch Club, o Jockey Club Brasileiro e o Yatch Club do Brasil.

Cabo Frio, década de 50

---

[2] Sobre isto ver Peter GAY, "Domínio incerto". *In: A experiência burguesa da Rainha Vitória a Freud.* v. 3: O cultivo do ódio. São Paulo: Companhia das Letras, 1995. pp. 426-514.

[3] Pierre BOURDIEU, "How can one be a sports fan?". *In:* Simon DURING (org.). *The Cultural Studies Reader.* London: New York: Routledge, 1993. pp. 339-356.

"Só tem duas classes de pescador, o profissional e o que mente. O amador nunca quer dizer onde pescou, tínhamos nossos esconderijos para as melhores pescarias, quando chegávamos na praia nos dividíamos, mas nos encontrávamos no mar. Nunca dizíamos se tinha peixe no lugar."

Gina Mello e Cunha

"O Raymundo tinha um barco muito grande chamado Nemesis, que deve ter sido feito para o mar do Norte porque era um barco muito fechado."

G.M.C

"O tempo de Cachoeira Dourada foi uma época que nunca me cansava de ouvir falar, eram só homens e eles se divertiam muitíssimo."

G.M.C.

A Fazenda de Cachoeira Dourada, em Goiás, foi adquirida em 1936. Ali, numa casa simples, Raymundo de Castro Maya só recebia os companheiros de pescaria: Cesar Mello e Cunha, Roberto Marinho, Bento Oswaldo Cruz, Paulo Goulart, Carlos Figueiredo, Geraldo Amorim, entre outros. O ambiente rústico onde acolhia seus amigos desaconselhava britanicamente a presença de senhoras.

"Uma vez o Cesar fez uma brincadeira de 1º de Abril com ele com essa história deles gostarem tanto de peixe bicudo, swordfish. Numa montagem fotográfica, em Cabo Frio, ele, meu marido, segurava o peixe, uma coisa muito maior do que ele, com ajuda do empregado. O Raymundo quando viu aquela fotografia ficou possesso com aquele peixe, e quando ele ficava assim coçava a cabeça e sapateava."

"Raymundo era um grande pescador e tinha como grande prazer a especialidade do peixe."

MARIA LUIZA SERTÓRIO

G.M.C.

Caricatura de uma pescaria por Castro Maya (década de 30) Lápis sobre cartão.

Como anfitrião, o *gourmet* Castro Maya promoveu jantares, banquetes e festas a fantasia inesquecíveis, brindando seus convidados com a reunião de sua refinada cultura às artes gastronômicas. Seus menus costumavam fundir a tradição culinária francesa com o uso de ingredientes tipicamente brasileiros, como o maracujá ou a banana, servidos em *bombes glacés*. Era ele quem produzia cada detalhe de suas recepções, do convite e menu encomendados a artistas plásticos brasileiros até os inusitados arranjos de flores sobre as mesas, passando pelo preparo da comida, a contratação dos músicos, a escolha do tema da celebração ou a compra de presentes para os convidados.

Foi Baudelaire quem, ao codificar teoricamente a modernidade, relacionou-a diretamente com a moda. A sua definição da atualidade como interseção de tempo e eternidade, e do belo como união do universal e do efêmero, coloca para a arte moderna a função de, num relâmpago, saciar o desejo imortal de beleza. Segundo Habermas, Walter Benjamin retoma essa equação entre modernidade e moda em seu conceito de "tempo presente" (*Jetztzeit*), que aponta para o processo de identificação do atual em tempos passados, característico da apropriação que a moda faz dos estilos antigos.[4] Nessas duas perspectivas, destaca-se a dimensão estética da própria auto fundamentação da modernidade.

Em nenhum lugar isso ficaria mais evidente que na cidade de Paris, já remodelada por Haussmann, onde nasceu Castro Maya. É aí que a moda, com todas as suas qualidades correlatas, como a fugacidade, a transitoriedade, a mundanidade, o circunstancial e mesmo a vulgaridade, assume papel central na definição do mundo moderno. Ser atual significa estar imerso nessa novidade relativa e efêmera. Entretanto, como adverte Baudelaire, cabe ao homem moderno, e mais particularmente ao *dandy* e ao

---

[4] Jürgen HABERMAS, *O discurso filosófico da modernidade*. Lisboa: Publicações Dom Quixote, 1990. pp. 21/22.

Festa "Noite de Reis"

Festa de Reis - 1931

Casaes.
1. ✓ Guinle — 7-0334
2. ✓ Saavedra
3. ✓ Simonsen
4. ✓ Proença
5. ✓ Roças
6. ✓ Felix Cavalcanti
7. ✓ Keeling — 5-3304
8. ✓ Betim Ae.
9. ✓ Betim And.
10. ✓ Betim Luiz — 5-1411
11. ✓ Pedro Latif
12. ✓ L. Machado Guimarães
13. ✓ T. Harpanches
14. ✓ A. Leite Garcia
15. ✓ A. Santos — 5-0018
16. ✓ Sylvester
17. ✓ Decio
18. ✓ Jango
19. ✓ João Borges — 2530
20. ✓ Lindgreen
21. ✓ Paulo Bettencourt — 5-0458
22. ✓ Cesar M. Cunha
23. ✓ Santos Lobo — 2-1008
24. ✓ Colder
25. ✓ E. Fontes
26. ✓ Xantaki
27. ✓ Pedro de Mello
28. ✓ J. Grey
29. ✓ Octavio Reis — 5-1073
30. ✓ A. Leão Velloso
31. D. Sociv.
32. A. Lopes (Souza)
33. Benitez
34. Dana
35. Peixoto
36. E. Rodrigues Lima
37. Pretyman
38. Riso

Senhoras.
1. Nega
2. Lilian
3. Joia Gaitani
4. Lucita
5. Monique
6. Maria Luiza
7. " Cecilia
8. Bella
9. Cecilia
10. D. Tata
11. Cicuni
12. Mrs. Mc...
13. Maria do Carmo — 7-3004
14. Mariate
15. Henriette
16. Maninha
17. Alice
18. Loulou R. Miranda
19. Gilda
20. Lulu Faria
21. M Guia
22. Beatriz — 6-2511
23. Lama Novis
24. Helena Freire
25. Lucila Noronha Santos
26. Bebé Nogueira
27. Laura
28. Thereza B. Moura
29. Virginia A. Vieira

66
23
40 Espaci

Brig. Monteiro Barros
Marita
Burlamaqui
Victor Santos

Homens.
1. Embr. Dejean
2. " Morgan
3. Sergio
4. Victor Carvalho — 5-0560 D. do Norte 7-0
5. Lucio Sampaio
6. Jorge Sampaio
7. Bitto Canceiro
8. Sr. Paulo
9. Moraes — 5-1956
10. Oct. Tarquinio
11. Luis Reis
12. Joaquim
13. José Nabuco
14. Mauricio Nabuco
15. Octavio S. Dantas
16. Jorge Ludolf
17. Siqueira Fritz
18. Castello Branco
19. Nono Figueira
20. Maynard Veiga
21. Hercule Lopes
22. F. Oliveira
23. Sésa
24. Chancel
25. Guilherme Guinle
26. Arnaldo — 15-2037
27. Virgilinho
28. Edmundo
29. Stanley — 6-1617
30. Julio Latif
31. Robillon
32. Delicto
33. Antonio Liberal
34. Mario Guimarães
35. Nono
36. Bebé
37. Faf.
38. Mario Ditt.
39. Lisboa

Lista de Convidados

Festa "Noite de Reis"

Bazar

"Une soirée chez Casa-nova"... "chez mr. Raymundo de Castro Maya".

Tudo o que se possa imaginar, por mais optimista que se possa ser, não dará uma pequena idéa do que foi essa noite memoravel na historia da elegancia do Brasil. (...)

A fidalguia e o cavalheirismo do dono da casa, o bom gosto requintado que a tudo presidiu e a perfeita organização da linda "soirée" encheriam de orgulho qualquer sociedade do mundo.

(...) As mesas, no gramado, estão tambem cobertas de lyrios. Em cada mesa uma peça preciosa de prata antiga e um pequeno "abat-jour". Lá, ao fundo, junto da fonte, está armado o tablado para as dansas. A illuminação discreta deixa que se admire o luar em toda a sua belleza.

Eis ahi o "décor" extraordinario da "féerie" do sr. Raymundo de Castro Maya. Um "décor" que faz a gente pensar nos idyllios de Pelleas e Melisande e nos sonhos de amor de Francesca da Rimini...

As "mil e uma noites" todas juntas não teriam o encanto da memoravel noite de Reis que a elegancia carioca passou lá no alto da Tijuca.. (...)

(...) Jazz. Champagne. No tablado agora os "divertissements" de Maria Olenewa. "La boite a surprise..." O Arlequim evolue com elegancia entre as bailarinas graciosas... Depois uma "melodie sur les pointes..." Em seguida uma dansa gitana, feita com graça e com vida. Logo após apparece Maria Olenewa dansando com uma extraordinaria "allure" a dansa da "Amazona". (...)

Na "terrase" as "jeune-filles" vão partir o "Bolo de Reis". A srta. Helena Guimarães tem a grande surpresa de encontrar dentro delle uma linda pulseira de ouro e platina. E ella é acclamada "la reine de la soirée". E os rapazes a sua passagem exclamam: "God save the queen !".

Quatro e meia da madrugada. Lá em baixo a cidade começa a despertar. (...)

Está acabada a festa verdadeiramente real. (...)

Diário da Noite • Marcos André • 8 de Janeiro de 1931

Arte das jóias encomendadas à Casa Boucheron de Paris por Castro Maya em 1960.

Desde 1931, Raymundo já se preocupava em receber oferecendo presentes preciosos como lembrança de suas festas. Nesta "Noite de Reis", foi uma pulseira de ouro e platina, e quase três décadas depois, em 1960, ele continuaria a encomendar jóias exclusivas a Boucheron em Paris.

FESTA "NOITE DE REIS"

NOITE DE REIS

A magia do ambiente...

Anno entra, anno sáe, seja no Rio, seja em Petrópolis, o mesmo grupo de pessoas se encontra nos mesmos logares, com o mesmo inalterável prazer. Uma ou outra figura nova surge do estrangeiro para enriquecer com sua graça o mundo dos diplomatas, ou desce de sua nursery, de olhar brilhante, e dando um último geito á mise en plis de sua indéfrisable. É só.

Os homens se observam com à malevolencia de mulheres. Apreciam a quéda lenta dos cabellos do vizinho - "rapaz do meu tempo, mas como está envelhecido!..." - e gozam o desenvolvimento gradual e inéxoravel do ventre alheio, com um olhar consolado para o proprio...(...)

•

Na noite ideal de ante-hontem reuniu-se um numeroso contingente desse mesmo grupo quasi invariavel.

Foi ouvir, ao ar livre, a voz modulada e ampla, melodiosa e segura, desse artista admiravel que é Sérgio da Rocha Miranda. Na clareza tranquila da noite, a nostalgia mysteriosa do Chant Hindou parecia mais viva - suspensa, tenue e impalpavel como a luz delicada do luar da Tijuca sobre os jardins e a velha casa branca do mais perfeito dos amphytriões.

Foi ver alguns divertissements organizados por Maria Olenewa, e interpretados pela grande dansarina e por algumas de suas discipulas. Uma deliciosa pausa entre dois blues. (...)

•

As festas na propriedade Castro Maya, na Tijuca, destacam-se entre os acontecimentos da vida social do Rio: reflectem a distincção, o perfeito senso da justa medida, o bom gosto e a cordealidade, a um tempo franca e discreta, de quem as organiza e anima.

Ante-hontem, porém, o senhor Raymundo de Castro Maya fez mais do que offerecer aos amigos algumas horas agradáveis. Com uma arte impeccavel e um exito completo, conseguiu essa coisa fugaz e preciosa que é a perfeita harmonia - o equilibrio, sem o qual nada é elegante, e a belleza, sem a qual a elegancia não passa de simples etiqueta. (...)

Correio da Manhã • Majoy • Quinta-Feira, 8 de Janeiro de 1931

"EM SEUS GRANDES JANTARES, SEMPRE DAVA UMA JÓIA. LEMBRO DE UM ANEL DE OURO. PREFERIU ENTREGÁ-LO NO MEIO DE UMA FATIA DE BOLO PARA UMA AMIGA NOSSA EM VEZ DE PROVOCAR CIÚMES A NÓS DUAS, AS IRMÃS MELLO."

GINA MELLO E CUNHA

artista moderno, combater e destruir toda trivialidade. Apresentar de forma manifesta e provocativa os estímulos estéticos transcendentes dissimulados no cotidiano; conquistar a vida cotidiana para a arte.

O pintor da vida moderna, livro escrito por Baudelaire e que integra a Biblioteca Castro Maya, seria portanto Constantin Guys, de quem o colecionador vem a adquirir, em 1961, a aquarela *Conversation*, c.1860-70. Tendo por tema o *demi-monde* parisiense, a obra apresenta um casal formado por uma prostituta e um soldado. As pinceladas ágeis e a fluidez da aquarela convertem o panejamento do vestido feminino em uma superfície convulsionada de linhas e manchas, correlato plástico da definição baudelairiana do "tumulto da liberdade humana". Desse tumulto moldam-se os membros e o tronco alvo da mulher, coroado este último por um rosto sem expressão com um penteado tão convencional quanto o bigode farto e o uniforme do militar. Misturando o uniforme ao azul do vestido da prostituta, Guys unifica esses mundos diversos pela comum galanteria e elegância, sinais mais exteriores de uma beleza brilhante e decorativa. O que espanta é o peculiar distanciamento que o pintor não apenas possui, como

Constantin Guys (1802-1892)
Conversation c.1860.

Aquarela s/papel
(Coleção Castro Maya)

"Era ele mesmo quem fazia os arranjos de flores. Raymundo fazia *bouquets* enormes, copos de leite, tuberosas gigantescas, nada de *pièces montées*."

Maria Luiza Sertório

nos obriga a ter diante da cena. Não há empatia, nem podemos senti-la. Há apenas a certeza de um posicionamento distante, a um só tempo negligente e provocativo, capaz de apresentar em suas linhas rápidas e difusas a contingência da beleza moderna.

Não é gratuito que Guys encarne tanto o espírito aristocrático quanto o título de "pintor da vida moderna". Pois a beleza transitória deve ser afirmada como "clássica"; ou seja: como passado autêntico de um presente vindouro.[5] Logo, cabe ao *dandy* preservar o distanciamento com relação à realidade moderna, a fim de extrair tudo o que ela possui de poético e eterno. Misto de maravilhamento e indiferença, essa atitude aristocrática atesta a agilidade da percepção da fluida dimensão poética da vida moderna.

Podemos pensar, agora, nas inúmeras festas promovidas por Castro Maya enquanto momentos destacados de seu esforço para conceder beleza ao cotidiano moderno. Chermont de Brito, escrevendo artigo sobre os bailes oferecidos pelo colecionador afirma que estes "tratam sempre de algo diferente, novo, fugindo à estandartização dos bailes comuns. A imaginação de Castro Maya cria novos motivos de arte, de emoção e de beleza".[6]

Ainda no mesmo artigo, refere-se a duas festas a fantasia realizadas em sua residência na Estrada do Açude. A primeira, em 1936, tinha como tema os quadros do Louvre, tendo sido "uma noite de incomparável encantamento", ao reviver "por um momento, o fascínio e o fulgor dos tempos idos, quando a galanteria e a moda eram uma espécie de religião". A segunda, realizada na noite de Ano-Novo de 1937-38, invocava nostalgicamente o Circo, "não um circo como o de agora", gênero decadente, "mas um circo de 1900", quando este "apaixonava o público" e inspirava a literatura, a arte e a música.

"Ele era muito engraçado, nós jogávamos bridge e ele jogava muito mal."

Gina Mello e Cunha

[5] *Idem*, p. 20.
[6] Chermont de BRITO. "Elegâncias". Recorte de jornal. Arquivo Castro Maya, pasta 31.

Bailes a fantasia faziam parte de uma sociabilidade característica da época, e Castro Maya participa com freqüência dos que eram oferecidos no Copacabana Palace ou nos navios em que ia para a Europa. Entretanto, os comentários na imprensa sobre as suas festas costumam destacar uma nota distintiva de elegância e refinamento, que aparece sob caracterizações variadas da "fidalguia" e do "cavalheirismo" do anfitrião, ou de seu "gosto" pessoal e "culto da arte". Como nos diz o colunista social do *Correio da Manhã*, as "festas na propriedade Castro Maya, na Tijuca, destacam-se entre os acontecimentos da vida social no Rio: refletem a distinção, o perfeito senso da justa medida, o bom gosto e a cordialidade, a um tempo franca e discreta, de quem as organiza e anima. (...) Com uma arte impecável e um êxito completo, conseguiu essa coisa fugaz e preciosa que é a perfeita harmonia - o equilíbrio, sem o qual nada é elegante, e a beleza, sem a qual a elegância não passa de simples etiqueta".[7]

A manifestação da perfeita harmonia, da conjunção fugaz e necessária de elegância e beleza, faz dos bailes de Castro Maya instantes privilegiados para a manifestação da poesia intrínseca ao estilo de vida moderno. Tal como o *dandy* de Baudelaire, o anfitrião é o especialista do prazer fugaz da novidade, para o que deve combinar moda, ócio e atitude provocativa de espanto. A sua luta era, ao final das contas, contra a própria futilidade do mundo moderno, para o que se dedicava laboriosamente à criação de instantes reveladores da poética cotidiana.

Em 1943, a festa ganha contornos políticos. Castro Maya participa, como tesoureiro e produtor, da realização do espetáculo de gala "Cega-rega", em benefício dos prisioneiros de guerra franceses e da creche da Cruz Vermelha Brasileira para filhos dos convocados. Encenado no Teatro Municipal de São Paulo nos dias 6 e 7 de julho, o evento foi coordenado

[7] MAJOY, "Noite de Reis". *In: Correio da Manhã*, 8 de janeiro de 1931. Arquivo Castro Maya, pasta 31.

FESTA "TABLEAUX VIVANTS DO LOUVRE"

UMA FESTA 'CHEZ ARLEQUIM'

No jardim cheio de arvores frondosas, onde estão collocados um palco para os quadros vivos e as mesinhas illuminadas onde se accommodarão os convidados, Arlequim, - Sr. Raymundo de Castro Maya - conversa com um grupo de amigos.

Dois lacaios de librés, illuminando com candelabros o caminho, acompanham os que chegam, fazendo entradas sensacionaes.

Ao som dos minuetos de Boccherini, Mozart e depois, conforme as entradas, sob varias outras musicas differentes, chegam:

- Os Valois - Mlle. Celina Liberal, Maria Elisa Dutra, Lina Esquerdo e Sr. Teddy Xanthaky.

- Mary of Scott - Sra. Joaquim Proença.

- Merfveileuse et Muscadin - Sra. Henriette Buarque de Macedo e Sr. Souza Leão.

- Duqueza Ferrara e Benevenuto Celline - Sra. Carlos Guinle e baroneza de Saavedra.

- Rainha Hortense - Mme. L. Crespi.

- Imperatriz Maria Luiza - Mme. Ed. Prado.

- Charles IX et Elisabeth d'Austriche - Mme. Cezar Proença e senhorita Heloisa Faria.

- Varina - Sra. José Verda e Figueira de Mello.

- Viuva Alegre - Zilda Diniz.

- Lanceiros da India - Teffé e F.Sundt.

Depois que todos se accommodaram nos seus logares, Arlequim com o seu bom gosto e "savoir-faire" annuncia que vae distrair os seus amigos, mostrando-lhes alguns quadros vivos cheios de belleza e de encanto.

Durante a apresentação do quadro da Imperatriz Eugenia - Sra. Embaixatriz Regis de Oliveira - a Sra. F. Muniz Freire, cantará "Les Rênes", da autoria da Sra. Lina de Araujo.

E toda a gente encantada ouvirá a linda composição da artista, que tão bem está vivendo a romantica figura da imperatriz Eugenia e que com tanto brilho representa a elegancia e a aristocracia brasileiras na côrte de S.M.Eduardo VIII.

Eis em poucas palavras o espectaculo deslumbrante que resultará do terceiro acto da festa que hoje á noite se realiza no theatro Municipal.

25 de Novembro de 1936 • G. de A.

"Mme. Recamier" - Maria Luiza Sertório.

D. Pedro Gastão de Orleans e Bragança; X; Jean Duvernoy.

FESTA "TABLEAUX VIVANTS DO LOUVRE"

"Bibliothèque Rose" - De pé: X; Negra Bernardes; Victor Lage; D. João de Orleans e Bragança; Yolanda Penteado. Sentados: X; Mlle. Latif; Loreto Lage.

"Era um Rio muito francês, aliás Raymundo tinha sotaque francês; não sei se era um defeito, mas tinha também uma cabeça deliciosamente preconceituosa quando se tratava de protocolos."

M.L.S.

"Graças a Deus, que ainda pude viver esta época. Um tempo de alegria, os convites eram disputados, e ser convidado, porém, era uma honra e um prazer delicioso."

Maria Luiza Sertório

"Don Quixote" - Douglas Colder; X

"Elegantes 1900" - Antonio Mesquita, Adalgisa Faria; Henrique Liberal; Carmen Lage.

"Duquesa de Ferrara e Benevuto Celine" - Gilda Guinle e Baronesa Carmen de Saavedra.

FESTA "TABLEAUX VIVANTS DO LOUVRE"

"Os Valois" - Celina Liberal; Theodoro Xanthaky; Maria Elisa Borges Dutra.

"Majas al Balcon" - Negra Bernardes e irmã.

"ERAM FESTAS QUE SE REPETIAM DEPOIS NO MUNICIPAL. ERA RAYMUNDO QUEM SELECIONAVA OS TABLEAUX VIVANTS, EU ERA MME RÉCAMIER."

M.L.S.

"Lição de Música" - Leda Galliez; Maria Isabel Almeida e Silva; Antonia Pederneiras.

Monique Wallentein.

por Dulce Liberal Martinez de Hoz. A primeira parte consistia numa "Grande Revista em 1 ato e 7 quadros de Thomaz Ribeiro Colaço", cujo nome deu origem ao do espetáculo.

A partir do programa pouco se pode aferir sobre o conteúdo desses quadros. Entretanto, pelos títulos, podemos perceber a encenação de situações cotidianas, onde se alternam cenas chiques e corriqueiras. O Boêmio da fila do ônibus era substituído pela Cleópatra da Casa Sibéria; o Aipim das Vitaminas cedia lugar à pianista Maria Antônia, que fazia bailar, ao som das valsas de Strauss, a alta sociedade brasileira.

Todo o segundo ato do espetáculo, intitulado *On ferme!*, parece ser um desdobramento da festa a fantasia que Castro Maya promovera em 1936, quando pessoas da sociedade carioca representaram quadros famosos do Louvre. Aqui, novamente, personalidades brasileiras interpretam situações presentes em 14 obras célebres, que ganham vida após o fechamento de um museu. As telas e esculturas selecionadas apresentam, na sua maioria, retratos de personalidades nobres ou históricas: o Richelieu de Mazarin, a Joana d'Arc de Ingres, a família Orleans e Bragança de Lebrun, o Luís XIV de Coysevóx. Outras obras, de artistas como Fragonnard, Gainsborough, Rubens, Manet ou Degas, mostram a face brilhante e galante da beleza.

Juntas, as peças deste museu imaginário falam da institucionalização da modernidade estética como um projeto individual de encenação da própria história cultural. Em ocasião anterior, quando da realização de baile a fantasia na casa de Castro Maya, é notada a ausência de um Museu do Traje Brasileiro, que muito poderia ter auxiliado os convidados na sua caracterização. Essa seria, segundo o articulista, a função precípua de um museu como este: fornecer, através de desenhos e gravuras, informações

Elegancias

As festas que o Sr. Castro Maia, gentleman encantador, que o grand-monde carioca tanto admira, realiza no seu belo palacio da Tijuca, alcançam sempre extraordinario sucesso. Elas se caracterizam sobretudo, por uma originalidade e uma elegancia, que as tornam inexcediveis na alta sociedade brasileira.

Em 1936, o Sr. Castro Maia organizou nos seus magnificos salões um baile esplendido, em que varias senhoras da aristocracia carioca viveram a graça, a beleza e a suntuosidade de quadros celebres do Museu do Louvre.

E o exito da festa foi de tal ordem, que as ilustres senhoras consentiram em repetir os quadros no Teatro Municipal, para encantamento dos que não tiveram a felicidade e o deslumbre de admira-los nos proprios salões do Sr. Castro Maia.

•

A noticia pois, duma festa em casa de Castro Maia, desperta entre as figuras mais brilhantes do grand-monde carioca extraordinario interesse e vivissima curiosidade. É que se trata sempre de algo diferente, novo, fugindo á estandartização dos bailes comuns. A imaginação de Castro Maia cria novos motivos de arte, de emoção e beleza.

Para a festa com que o gentleman cintilante pretende receber o Ano Bom, esse 1938, que todos antevêm feliz, ele imaginou um ambiente todo original: um circo, com os seus palhaços, as suas féras, as bailarinas, que dansam na corda bamba, os domadores, que não temem enfrentar a morte em troca duma ovação do público, o malabarista, e o público, o público que aplaude, que ri e que se diverte. Mas não se trata de um circo de agora, quando o circo é um genero em decadencia, mas, um circo em 1900, quando o circo apaixonava o público, e a literatura, a arte, a musica inspiravam-se nele, na sua vida e nos seus artistas para a criação de algumas obras primas mais belas e mais celebres.

•

É facil de avaliar o brilho, a elegancia e a distinção desse baile num dos mais notaveis salões do grand-monde carioca e assistido pelas mais cintilantes figuras da sociedade brasileira. Será naturalmente, um maravilhoso acontecimento artistico e mundano, digno das magnificas tradições de elegancia e fulgor do smart-set do Rio.

Notas Sociais • Chermont de Brito • 31 de dezembro de 1937

necessárias para a reconstituição da história da moda no Brasil,[8] que deveria ser reencenada, tal como a história da arte, pelos atores modernos do teatro particular da nossa elite.

Um quadro apenas parece destoar da seleção feita no baile "Cega-rega", seja por não pertencer ao grupo de artistas representados no Louvre ou em outros grandes museus mundiais, seja por apresentar uma temática completamente diversa: o *Espantalho* de Portinari. O que poderia significar essa inclusão aparentemente inadequada?

Uma resposta poderia ser buscada no caráter espontaneísta e não rigoroso da própria festa. Os cenários foram elaborados pelos participantes, assim como as coreografias, a regência, os figurinos. Tudo leva a crer que o evento foi uma verdadeira ação entre amigos da alta sociedade brasileira, investidos de sua missão pacifista e civilizatória. Surge daí a segunda possibilidade de resposta. Portinari fazia parte, agora, dessa missão civilizatória que incluía, para além da reverência à cultura européia e aos museus franceses, o investimento na edificação de instituições culturais modernas no Brasil.

Tal articulação entre elite e missão civilizatória podemos perceber na proposta de fundação do Museu de Arte Moderna do Rio de Janeiro. Em 1946, Castro Maya recebe em sua residência da Estrada do Açude o banqueiro norte-americano Nelson Rockefeller para uma reunião com Rubens Borba de Moraes, Oscar Niemeyer, Alcides da Rocha Miranda, Rodrigo de Mello Franco, Aníbal Machado, entre outras personalidades da área cultural brasileira, com intuito de discutir sobre a formação de um Museu de Arte Moderna no Brasil. Em carta de agradecimento ao colecionador, Rockefeller adverte: "Certamente não é fácil organizar pessoas em benefício da arte moderna seja aonde for, entretanto,

---

[8] DICK. "Mundana: Museu do Trajo". 31 de dezembro de 1937. Recorte de jornal colado em álbum fotográfico. Arquivo Castro Maya.

FESTA "CIRCO PERY"

Raymundo de Castro Maya
tem o prazer de convidar_____
_____
á assistir ou participar da função do **Circo "PERY"** em **31 de Dezembro de 1899** que por motivo de força maior foi transferido para 31 de Dezembro de 1937 na **ESTRADA DO AÇUDE, 254** as 10 horas da noite.

Traje obrigatorio: Artista de Circo ou 1900

"A MENTALIDADE ERA MUITO MAIS FRANCESA NAQUELA ÉPOCA QUE INGLESA, MAS O SENSO DE HUMOR NO RIO ERA INGLÊS. RAYMUNDO ERA BEM HUMORADO SEM TER SENSO DE HUMOR."

MARIA LUIZA SERTÓRIO

Nininha Duvivier; X;
Nenette de Castro;
Mário de Castro;
Chica Leitão da Cunha;
sentado: "Palmerinha".

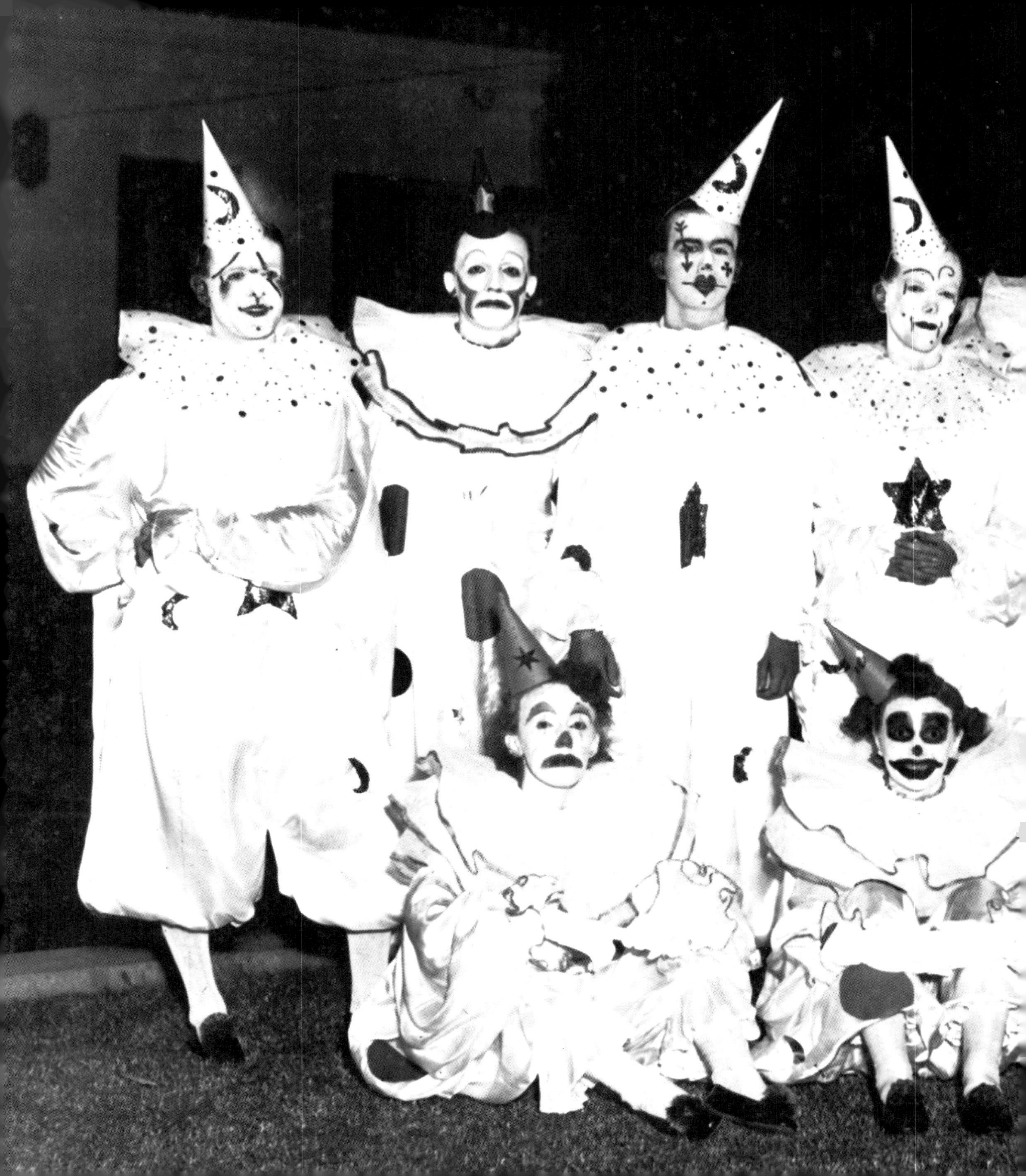

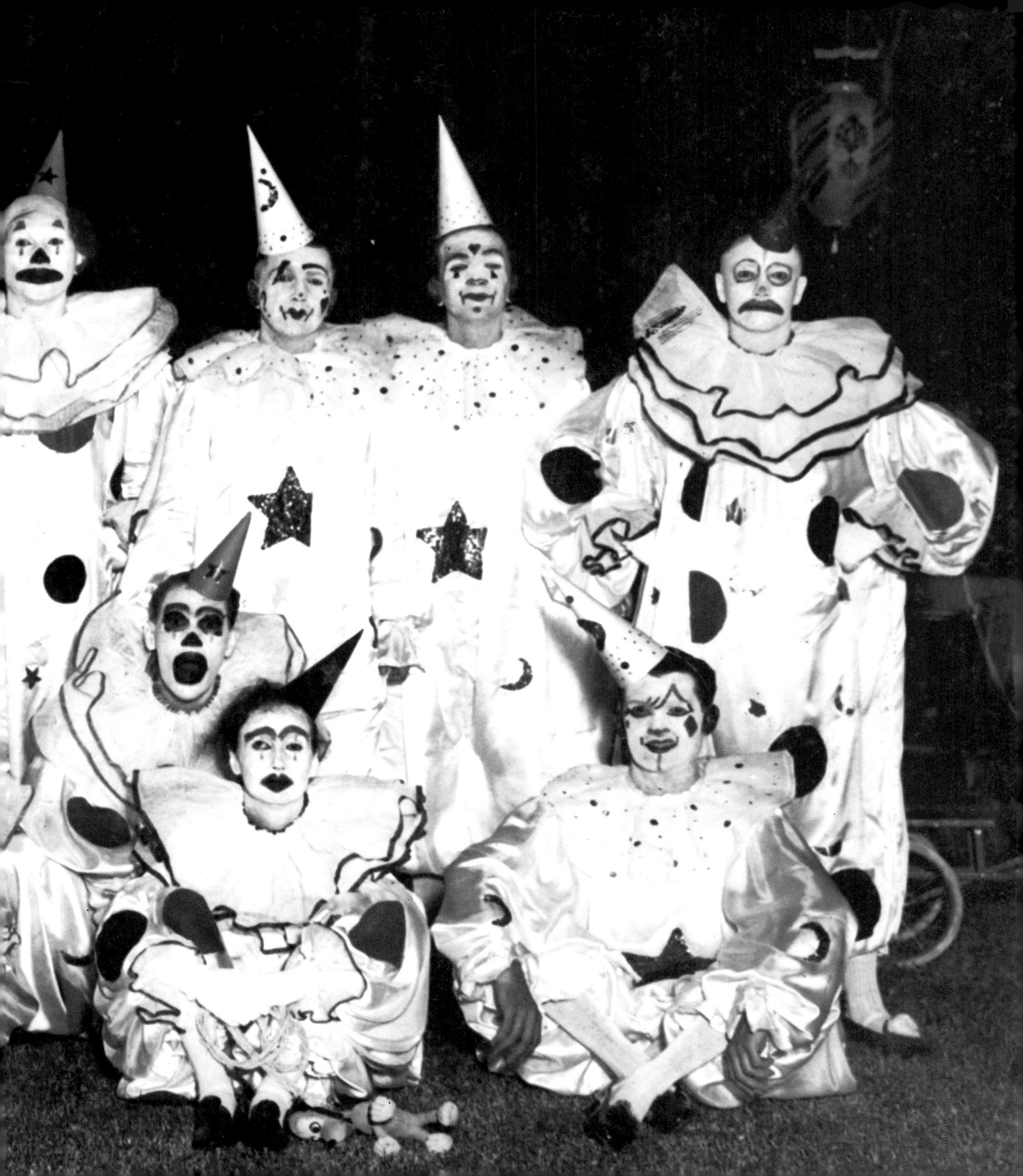

FESTA "CIRCO PERY"

MUSEU DO TRAJO

Recentemente, em sua pittoresca residencia da Tijuca, o senhor R. Castro Maya realisou uma encantadora festa, em que damas e cavalheiros se apresentaram vestidos á moda 1900. O exito da "soirée", como toda a sociedade sabe, foi memoravel. Mas quantos a ella compareceram lutaram, antes, com sérias difficuldades para o preparo de suas "toilettes".

Houve que consultar Archivos e Bibliothecas, á cata do necessario "subsidio historico".

Entretanto, tudo teria corrido tranquillamente se no Rio já existisse, como em muitas capitaes do Velho Mundo, um "Museu do Trajo" onde são catalogadas todas as modas, de anno para anno, não só através de gravuras, photographias, etc., como em figuras de cêra ou madeira, manequins, etc.

Entre nós, já varias pessoas se têm batido pela creação do Museu do Trajo, que não sómente tratasse da moda por assim dizer universal em cada momento, com tambem reproduzisse todos os indumentos typicos, regionaes, do Brasil inteiro, através dos tempos.

Hoje em dia, com o progresso do cinema, o "Museu do Trajo" teria nelle um excellente elemento de sucesso.

Esse assumpto, na apparencia futil, não o é, entretanto, na realidade.

Torna-se, portanto, opportuno cogitar da creação desse Instituto de Pesquisas Historico-Sociaes, onde, evidentemente, deveria haver uma secção consagrada ao Carnaval Carioca, em que se pudesse futuramente, apreciar as fantasias de sucesso em cada anno, desde os antigos "morcegos", "mortes", "diabinhos", "dr. Burro", até á "camisa de malandro", "marinheiro americano", etc.

Que se movimentem, pois, os que se interessam pelo caso...

Mundana • Dick • 31 de Dezembro de 1937

Baronesa Carmen de Saavedra; José Willemsens; Thereza Verda.

X; Raymundo de Castro Maya.

Beatriz Simonsen; Odette Monteiro;
José Willemsens e o filho da Baronesa de Bonfim.

Chica Leitão da Cunha; Nenette de Castro; Nininha Duvivier.

Festa "Circo Pery"

"Essa época foi acabando aos poucos, uma velocidade rápida demais, de nenhuma maneira poder-se-ia transmiti-la às novas gerações."

Maria Luiza Sertório

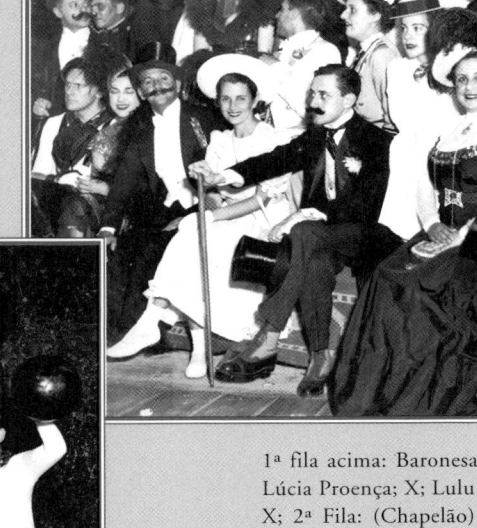

1ª fila acima: Baronesa Carmen de Saavedra; Bento Oswaldo Cruz; Lúcia Proença; X; Lulu Faria, (homem de bigode) Jean Duvernoy; X; X; 2ª Fila: (Chapelão) Vera Pretyman; 3ª fila: (em pé, de bigode) César Proença; (3ª pessoa sentada) Jaqueline Macedo; (5ª pessoa sentada) Helô Willemsens. 4ª fila: (5ª pessoa sentada) Aloyzio Salles; Thereza Verda; Vasco Sabugosa; Carlos Buarque de Macedo; Maria Elisa Dutra; Helena Souza Gomes.

Mr. Scotten; Mr. Griggs; Victor Lage.

Uma festa de 1900

Raymundo de Castro Maya parece ter vindo ao mundo para dar festas incomparaveis. Sabbado ultimo na sua linda e pitoresca residencia da Estrada do Açude, no Alto da Boa Vista, o Rio viveu um de seus melhores dias de mundanismo. Deu na cabeça de Raymundo de Castro Maya reviver o anno de 1900, através de um espectaculo de circo que reuniu a fina flor da sociedade do começo do século. O Circo era o Pery e seu diretor Plinio Uchoa Filho, que, com as suas costelletas e seus bigodes ia marcando as entradas em scena de seguros artistas de picadeiro. Os primeiros a se exhibirem, em espectaculares numeros de força, foram o conselheiro Robert Scotten, o secretário americano Griggs e Victor Lage. "O capitão Scalovitch e seus lulús" eram o sr. José de Verda e as senhoras Izeu de Almeida e Silva e Jean Duvernoy. Raymundo de Castro Maya fez, ao lado de Paulo Goulart, um dos numeros mais divertidos da noite. Foram dois perfeitos toureiros, em fantasia de palhaço. Ao contrario do timido heroe da marcha carnavalesca, elles tocaram mesmo castanholas e pegaram o touro a unha. Henry Gueyrand, o encarregado de negócios da França, viveu com graça o Gili-Gili das magicas. Como cyclistas que houvessem batido records mundiaes, as senhoras Beatriz Simonsen e Odete Monteiro e os srs. José Willemsens e Antonio Mesquita entraram despistados dentro em bicycletas do tempo do arco da velha. O conselheiro Levenson, da embaixada alemã, tocou sua caixa de música e Walter Quadros, da Casa James, e seus palhaços disseram pilherias gosadas. (...)

O espectaculo terminou duas horas depois e a assistencia invadia a pista para dansar até às cinco horas da manhã numa alegria única. Não acredito que 1900 tenha conhecido uma festa mais animada e mais absoluta do que a de sabbado, no Circo Pery. Foi indiscutivelmente a melhor festa de 1900 a festa que deixou de realizar-se naquella época porque a sociedade carioca, com a balburdia dos primeiros passos da Republica, talvez não pudesse aprecia-la como nós outros de 1938.

O Jornal • A.M. • 11 de Maio de 1938

lembrando que o seu nome está entre aqueles do comitê para estudar as possibilidades de desenvolvimento de alguma coisa nesta linha, acredito que estará apto a emprestar ao movimento a sua assistência e apoio."[9]

Rockefeller estava, aí, lembrando da atividade de Castro Maya como colecionador e, sobretudo, como presidente da Sociedade dos Cem Bibliófilos do Brasil, fundada por ele em 1943, com o objetivo de publicar livros sofisticados, reunindo nomes consagrados da literatura e das artes plásticas brasileiras. Essa iniciativa cultural, que adaptava no Brasil proposta semelhante de bibliófilos franceses, tinha inserido Castro Maya na íntima vivência do meio artístico nacional. O contato com os nossos artistas contemporâneos, a seleção e impressão das gravuras, as questões técnicas e estéticas que envolviam a própria publicação, a busca de associados que acreditassem na literatura e na arte moderna nacionais levaram-no a entrar em contato estreito com o incipiente sistema de arte brasileiro. Ele que sempre colecionara artigos de jornais e revistas sobre a situação artística no país, inclusive sobre os nossos museus, via-se agora na função de mecenas, para o que devia conhecer tanto os novos artistas quanto os seus possíveis compradores.

Vem daí a posição privilegiada que assume na direção da Comissão de Organização e Propaganda do Museu de Arte Moderna do Rio de Janeiro. O cargo de presidente parecia ter sido talhado à sua imagem, cruzamento de conhecimento e generosidade financeira, que o levou a doar os primeiros 100 mil cruzeiros da instituição. Foi ele também quem registrou a antiga

"Os jantares maiores eram na varanda fechada da Casa do Alto da Boa Vista. O jantar de comemoração da pesca do Cesar foi nessa varanda, cercada de plantas, numa espécie de jardim de inverno."

Gina Mello e Cunha

---

[9] Carta de Nelson Rockefeller a Castro Maya, escrita antes de sua partida. Rio de Janeiro, 26 de novembro de 1946. Arquivo Castro Maya, pasta 69.

"Com esse peixe eu bati um record e fiquei muito tempo no quadro-negro da casa de Cabo Frio com o maior olhete já pescado. Aqui estou sentada na murada da casa."

G.M.C

Cesar Mello e Cunha, Bento Oswaldo Cruz e Geraldo Amorim fotografados por Raymundo de Castro Maya numa pescaria em alto-mar. Ilha Grande, 1932.

MENU

A óva do Olho de Boi
extraída a Cesariana

A propria Seriola Lalandi
a maneira Yamalesca
ao molho Saul

O filet de garrôte dos
"prés salés" de Campos Nóvos

As bananas banhadas nas
lagrimas dos compositores

Tijuca, 23/4/52

"Numa ocasião Cesar saiu para pescar e acabou campeão mundial de olho-de-boi, Raymundo ficou enlouquecido com aquela rivalidade de pescador. Ele ficou anos indo para o lado da ilha d'Ancora onde foi pescado o peixe. Mas deu um jantar lindíssimo em comemoração à pesca do Cesar no Alto da Tijuca, com todo menu desenhado com peixes. Os amigos todos, houve discursos e aquilo tudo. Era uma mesa enorme, muitos bons vinhos e uma comida deliciosa. Ele tinha um cozinheiro muito engraçado, porque todo cozinheiro bom bebe."

G.M.C.

marca do MAM; quem conseguiu, junto ao Barão de Saavedra, a cessão de duas salas do edifício do Banco Boavista para instalar provisoriamente o museu; quem, mais tarde, acertou com o Ministério da Educação o uso de área do pilotis do prédio projetado por Le Corbusier para instalar o MAM já ampliado; quem pagou a reforma necessária para a implantação do museu neste edifício, seguindo projeto de Oscar Niemeyer; quem programou as primeiras exposições do MAM, contando com o empréstimo de obras de vários colecionadores brasileiros; quem deu os primeiros passos na compra do terreno e na contratação de projeto para a sede definitiva do museu.

Betty Castro Maya

Logo, nada mais natural que, em artigo publicado no *Diário da Noite*, em 1951, Carlos Cavalcante desse o significativo título de "Castro Maya e seu museu moderno" às suas reflexões sobre o MAM carioca: "No meio de nossos ricos unhas-de-fome mais agarrados ao dinheiro que à própria pele, consola o espetáculo de Raymundo de Castro Maya empregando, feito um Médicis ou um Montefeltro dos nossos dias, parte de suas rendas no estímulo da arte e da cultura. Por muito tempo foi administrador, zelador ou simples guarda, pouco importa o título, da Floresta da Tijuca, preservando-lhe desveladamente as belezas naturais e enriquecendo-as ainda de cuidados de arte, pagos sem ostentação, do próprio bolso. Pouco depois convertia alguns amigos e fundava o MAM (...)."[10]

Raymundo de Castro Maya

Na mesa de jogo: Carmen Lage (de branco); Rosita Thomás Lopes (de brincos); Castro Maya; Perla Lucena; X.
No sofá: Marilu Montenegro Moreira (de blazer); Gilda Quadros; Herculano Lopes
Na poltrona: Nicole Hime
No chão: Mlle. Alencastro Guimarães
Dormindo: Betty Castro Maya.

(10) Carlos CAVALCANTE, "Beira de Calçada: Castro Maya e seu museu moderno". In: *Diário da Noite*. Rio de Janeiro, 8 de março de 1951. Arquivo Castro Maya, pasta 71.

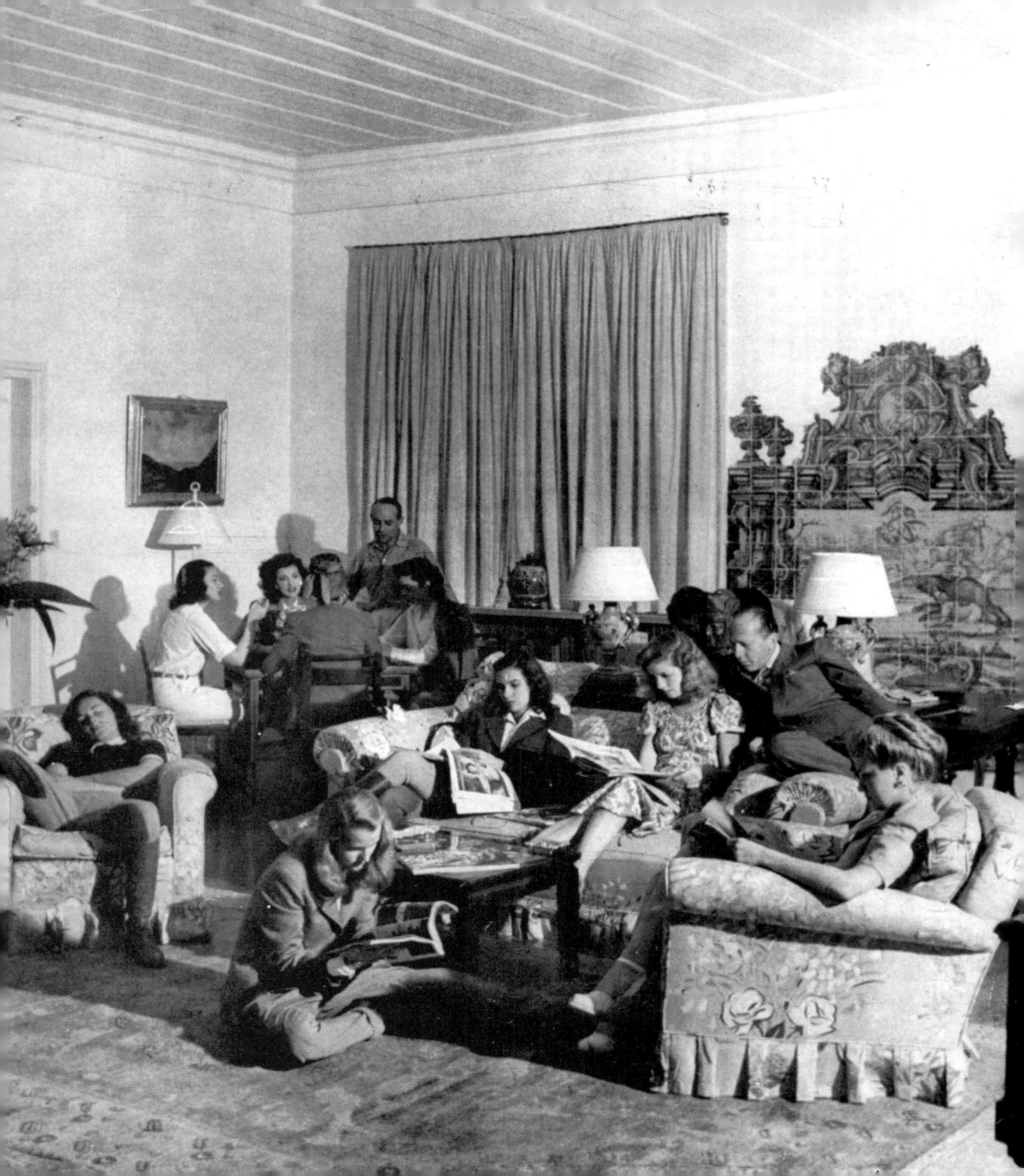

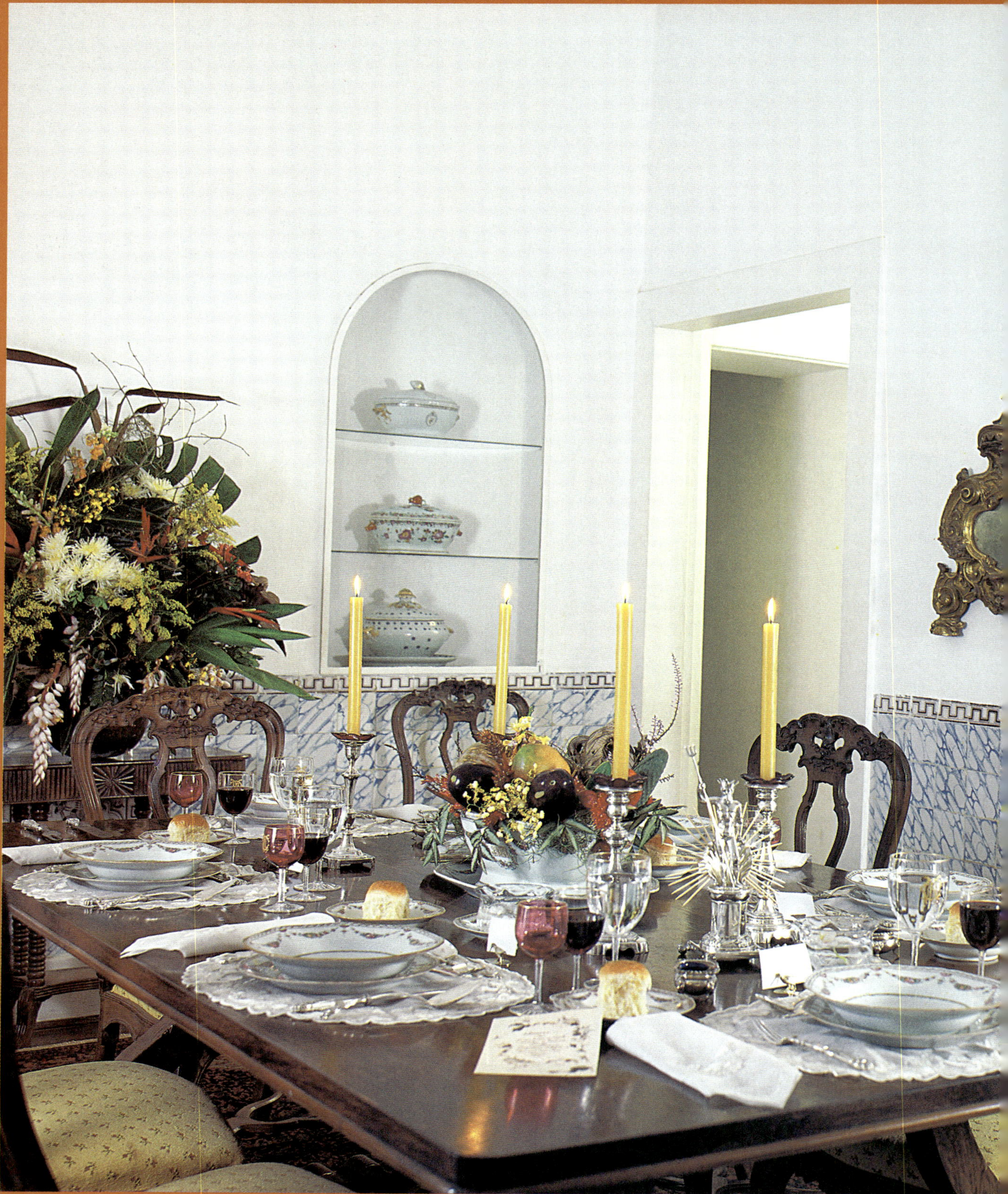

"Tinha cristais maravilhosos, desses que você aperta e eles se mexem; Loreto Lage - uma das beldades da época - apertou demais e quebrou."

Maria Luiza Sertório

O MAM era mais uma das "casas" de Castro Maya, como afirmam afetuosamente seus colegas de diretoria após seu pedido de demissão: "O Museu de Arte Moderna do Rio de Janeiro é e será sempre a sua Casa, onde nos esforçaremos para levar a bom termo a obra que iniciamos juntos em favor da renovação da cultura artística brasileira."[11] Era mais um dos espaços centrais, difusores de valores modernos e urbanos, erguidos por Castro Maya.

Na festa de inauguração da sede definitiva do MAM, realizada na nova casa de Santa Teresa, o articulista que descreve o evento gasta a maior parte de seu texto incensando a modernidade e a sobriedade da Chácara do Céu.[12] Nas fotografias, vemos as personalidades circularem entre as telas de van Dongen, Picasso, Matisse, a tapeçaria de Lurçat, as peças de sua coleção de arte oriental e o mobiliário luso-brasileiro setecentista. A sua casa não é apenas o cenário da celebração: é o seu próprio enredo.

O que se comemora ali transcende a inauguração parcial da sede do MAM: é a *vernissage* da "nova e bela propriedade" do colecionador. E quando Juscelino Kubitschek desce a escadaria da residência acompanhado de seu amigo colecionador - de quem chegou a freqüentar a fazenda em Cachoeira Dourada, onde dedicavam-se à pesca esportiva - a personagem central é o próprio espaço moderno: a ousada simplicidade dos degraus flutuantes, da linha contínua do corrimão de ferro e alumínio, das limpas paredes brancas que servem de moldura à

[11] Carta de F. C. de San Tiago Dantas, Vice-presidente, em exercício, a Raymundo de Castro Maya. Rio de Janeiro, 27 de dezembro de 1952. Arquivo Castro Maya, pasta 70.

[12] Jayme MAURÍCIO, "Itinerário das Artes Plásticas: ecos da inauguração do Museu de Arte Moderna. Festiva reunião oferecida por Raymundo de Castro Maya." In: *Correio da Manhã*, 1 de fevereiro de 1958. Arquivo Castro Maya, pasta 71.

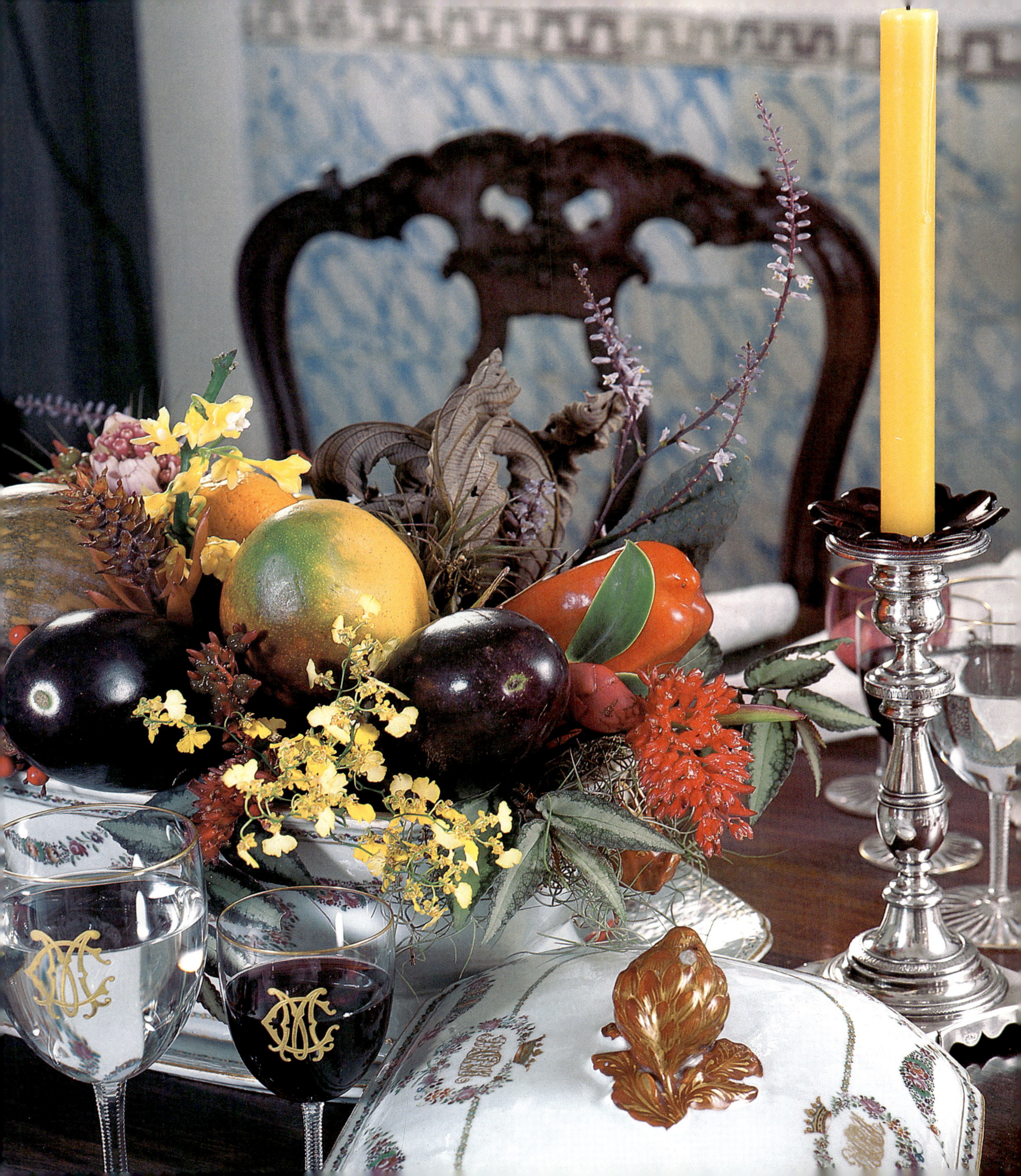

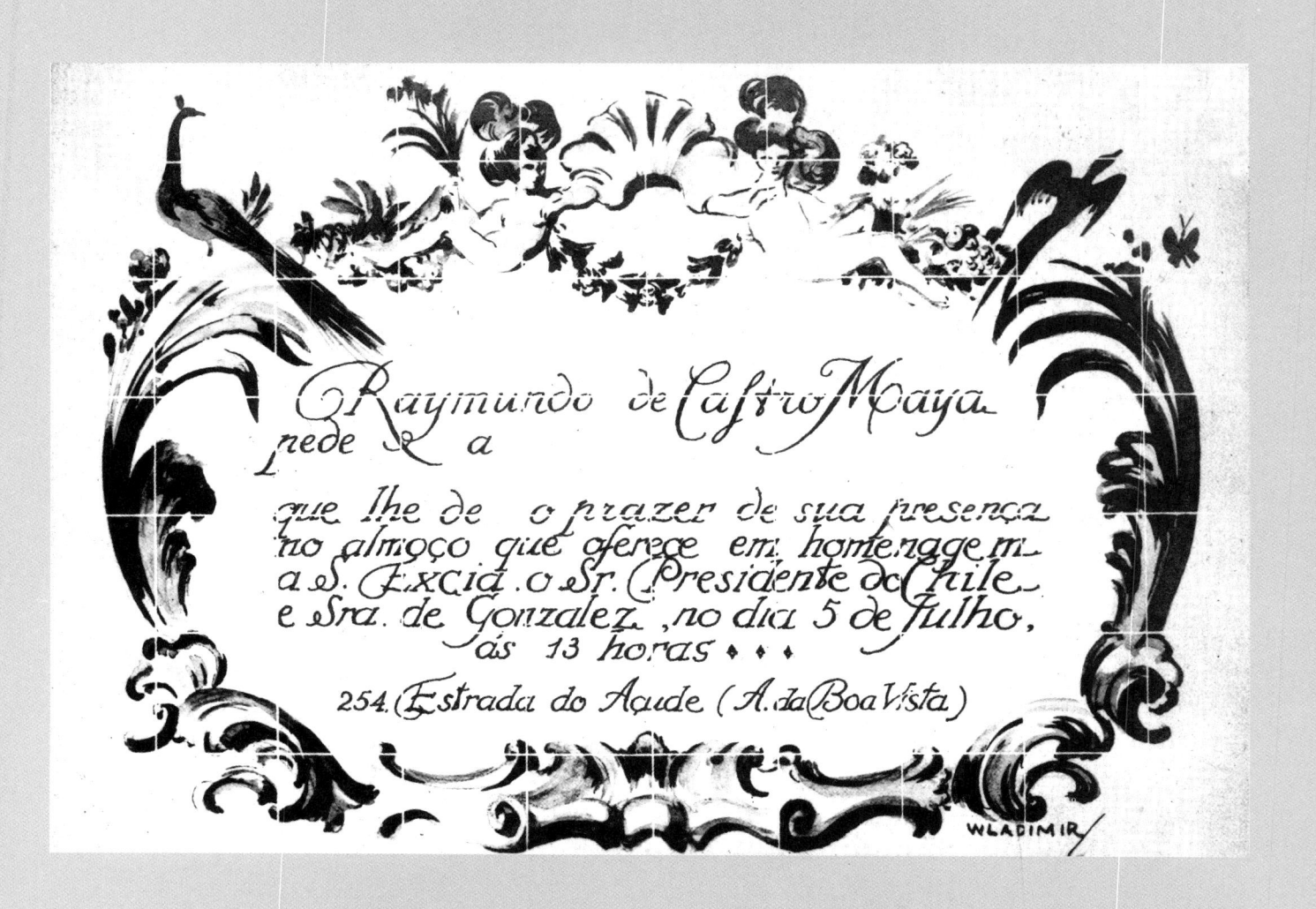

Almoço em homenagem
ao Presidente do Chile

Almoço em homenagem ao Presidente do Chile

Antonio Leite G.; Sr e Srª Gonzalez; Célia Leite G.; Nenette de Castro.

Cesar Proença; Helô Willemsens.

Presidente Videla; Raymundo de Castro Maya; X.

"Tinha a casa do Alto, linda e muito bem mantida. Tinha aquela varanda fechada, o jardim de inverno. Era ali que ele fazia os almoços maiores."

Gina Mello e Cunha

Almoço em Homenagem ao Presidente do Chile

Raymundo de Castro Maya; Senhora Videla Gonzalez; Henrique Dodsworth.

X; Elcita Souza Leão.

Presidente Videla Gonzalez; Antônio Leite Garcia; de pé, escondido, Charles Barrenne; de pé, Lisette Barrenne; Senhora Videla; Zeca Willemsens.

Almoço...

Grape fruit ao porto
Fritada á Baiana
Arroz
Chateaubriand
Jardineira de legumes
Bananas escondidas
Frutas
Café

5.7.1947

Kees van Dongen (1877-1968)
Heléne et Paris. c. 1920-25.
Óleo/tela

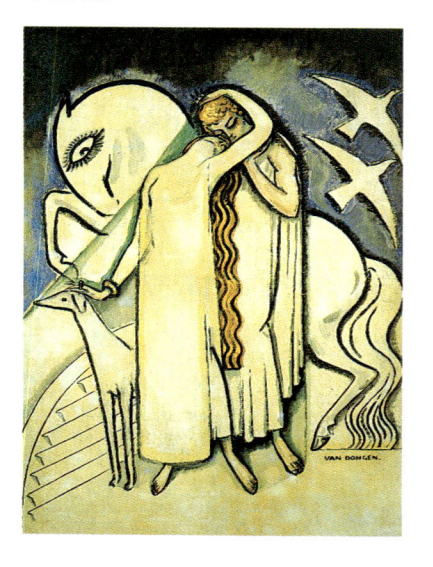

Henri Matisse (1869-1954)
Le Jardin de Luxembourg. 1903.
Óleo/tela

Georges Braque (1882-1963)
La guitare. 1939.
Guache/papel

Pablo Picasso (1881-1973)
La danse. 1956.
Óleo/tela

aproximação entre quadros modernos e peças antigas. Espaço que requer um comportamento a um só tempo moderno e convencional, discreto e público.

Nada mais conveniente, portanto, do que fazer de sua casa moderna um ambiente de celebração, tal como havia feito com a residência do Alto da Boa Vista.

Nesses instantes, a utilidade prática cede espaço à pura construção de significados. Logo, a festa possui a mesma função didática do Museu: a irradiação de valores modernos. Deve comemorar a si própria, preservando a sua gratuita integração ao projeto civilizatório.

Torna-se irresistível pensar na articulação entre essa celebração da modernidade e as obras de arte modernas que decoram a nova residência de Castro Maya, a maioria delas pertencentes à chamada Escola de Paris. O colecionador adquire obras dos três grandes mestres desta escola – Picasso, Matisse e Braque. É, entretanto, notável o seu particular interesse por telas de pintores originalmente fauvistas. Com exceção, porém, das obras de Matisse (*Le Jardin de Luxembourg*, 1903), Dufy (*La plage de Saint Adresse*, 1904) e Othon Friesz (*La Creuze à Crozant*, 1904), prefere as pinturas posteriores ao movimento.

De Kees van Dongen, por exemplo, compra a tela *Helena e Páris*, da década de 20. Holandês, chegado a Paris em 1897, o artista integra o *Salon d'Automne*, de 1905, associando-se aos *fauves*. Adaptava as cores puras e linhas audaciosas do fauvismo aos retratos de mulheres sensuais. Com a crise do movimento – aberta em 1907 pela irrupção radical de Picasso, com sua obra *Les demoiselles d'Avignon* – o grupo se cinde. Cada artista precisa fazer a sua escolha. Wlaminck, como vemos na tela da coleção Castro Maya, *Une rue de village*, 1912, abandona a sua radical crítica ao Museu do Louvre e sofre, nos anos 10,

JANTAR DE INAUGURAÇÃO DO MAM
E VERNISSAGE DA CHÁCARA DO CÉU

FESTIVA REUNIÃO OFERECIDA POR RAYMUNDO DE CASTRO MAYA

Para comemorar a inauguração parcial da sede do Museu de Arte Moderna do Rio, o sr. Raymundo de Castro Maya convidou um grupo de amigos da instituição para um jantar em sua nova residência de Santa Tereza - a Chácara do Céu - que acaba de ser construída. O "vernissage" por assim dizer da nova e bela propriedade, com a presença do presidente da República, sr. Juscelino Kubitschek. (...)

A residência do Sr. Raymundo de Castro Maya é, por todos os motivos, desde a situação, o paisagismo, a arquitetura, a decoração interior, os objetos de arte, a biblioteca e demais complementos, uma das mais belas casas do Brasil, e, na opinião do embaixador inglês Sir. Geoffrey W. Harrison e do embaixador Hugo Gouthier uma das mais belas casas do mundo, difíceis de encontrar mesmo nas mais antigas e tradicionais regiões da Europa. Situada num inesperado plateau que domina completamente a cidade, sua entrada, sôbre pilotis, leva de imediato a um plano hall onde uma grande tela de Antônio Bandeira enquadra um banco primitivo de igreja do interior, antecipado por uma escultura - homem alado - de Cezar (que estêve exposta na sala de França da IV Bienal) e um excelente baú de Goa do século XVIII. Numa escada extensa e levíssima chega-se ao andar social: de um lado um grande living dando sôbre a entrada da barra e do outro lado para o jardim, com uma vista para Norte, Este, Leste e Sul. Material empregado na arquitetura: mármore picado com esquadrias de alumínio. Logo no hall social, como que defendendo a entrada, dois admiráveis patos de ferro da dinastia Ming, enquadram um pátio em cujo centro se depara com bela escultura de Mário Cravo, representando Os Capoeiras. E pelas paredes quadros, bons quadros, de Van Dongen, Valta, Portinari, todos aproximados de móveis de jacarandá. O jardim de inverno, todo envidraçado, dá também para a entrada da barra e admira-se logo o piso dêste grande salão de tijolões de padaria com pequenos retângulos de mármore. Um piso que lembra os velhos palácios de Florença. E na parede uma tela do início do Cubismo - um admirável Marcousis. (...)

Em meio à elegante recepção, depois que se retirou o presidente da República, encontramos um meio de pedir ao sr. Castro Maya, um verdadeiro amador de arte, no grande sentido, diferente do colecionador de arte (aliás êle mesmo confessou não gostar de coleção) que contasse um pouco da história da bela mansão. Êle acede, satisfeito, como um homem sensível que fala das belezas acumuladas em lugar também belo. Lembrou inicialmente que para êle a rigidez estilística, as escolas, as épocas, não divergem no que diz respeito à beleza. Não vê inconveniente em aproximar objetos de arte do passado de objetos da arte do presente. E nesse particular, sem dúvida, sua casa é um dos mais fortes argumentos que nos poderia apresentar. (...)

Correio da Manhã • 1º de Fevereiro de 1958 • Jayme Maurício

Jayme Maurício;
Maria Martins;
Ciccilo Mattarazzo;
Carlos Martins.

"A CASA DE SANTA TERESA QUEM CONSTRUIU FOI MEU MARIDO, CESAR MELLO E CUNHA. ELA ERA MUITO SIMPLES E MUITO BONITA, COM A VISTA DESLUMBRANTE DE 360 GRAUS, MAS SÓ COM UM QUARTO DE DORMIR. ELE NÃO RECEBIA HÓSPEDES PARA O PERNOITE, NEM LÁ, NEM NO ALTO."

GINA MELLO E CUNHA

Antonio Gallotti;
Niomar Muniz Sodré.

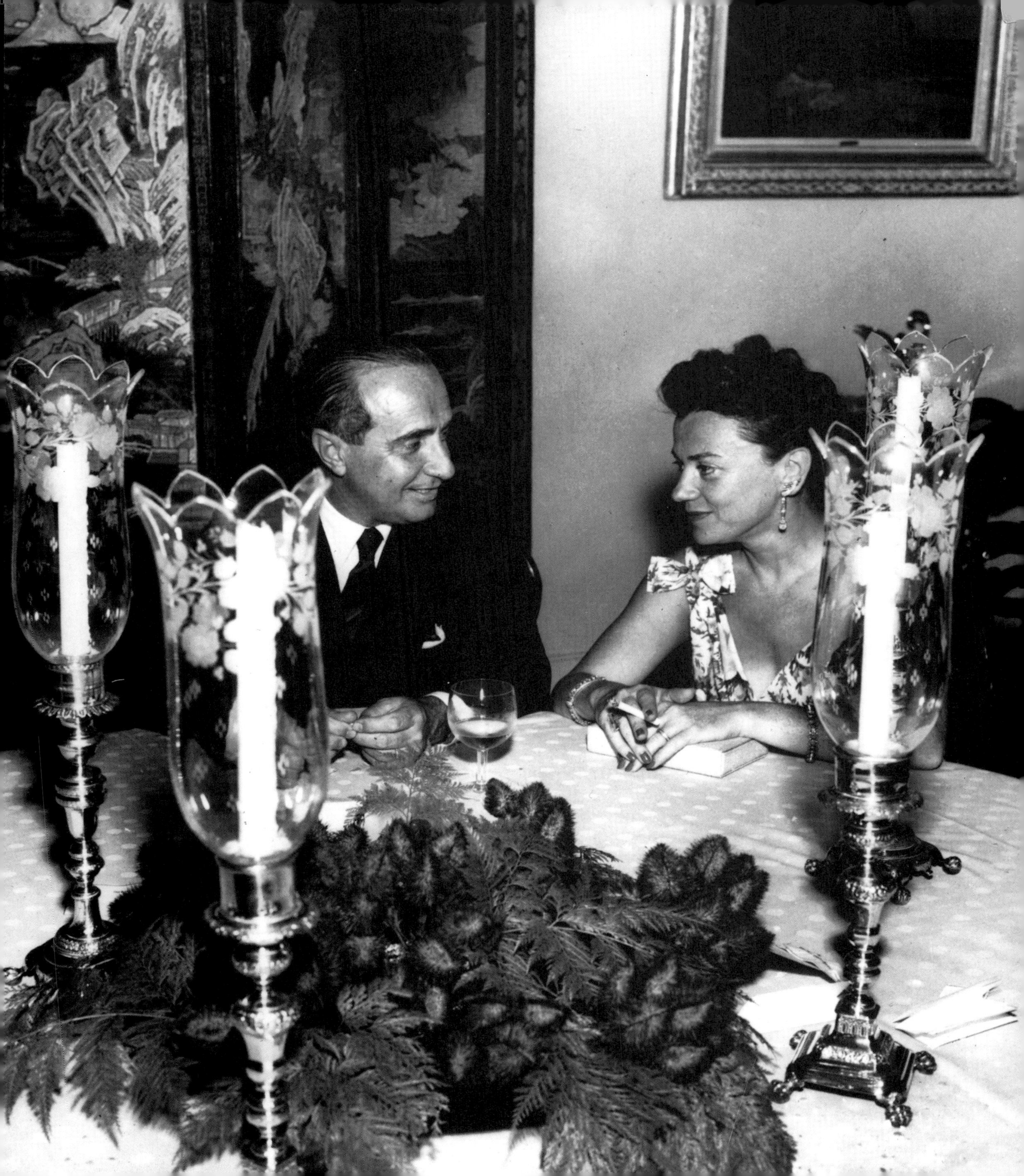

Jantar de Inauguração do MAM e Vernissage da Chácara do Céu

Peggy Salles; Embaixador Geoffrey H. Thompson; Lilian de Castro Maya; Tuni Murtinho.

Vera Pretyman; Ciccilo Mattarazzo.

Cesar Mello e Cunha; X.

Aloysio Salles; Lilian Baptista; Wladimir Alves de Souza.

Baronesa Carmen de Saavedra; Sophia Bernardes; Minie Gallotti; Peggy Salles.

Jantar de Inauguração do MAM e Vernissage da Chácara do Céu

Arthur e Sophia Bernardes; Heloisa Lustosa;
Yolanda Penteado Mattarazzo; X.

Baronesa Carmen de Saavedra; Burle Marx.

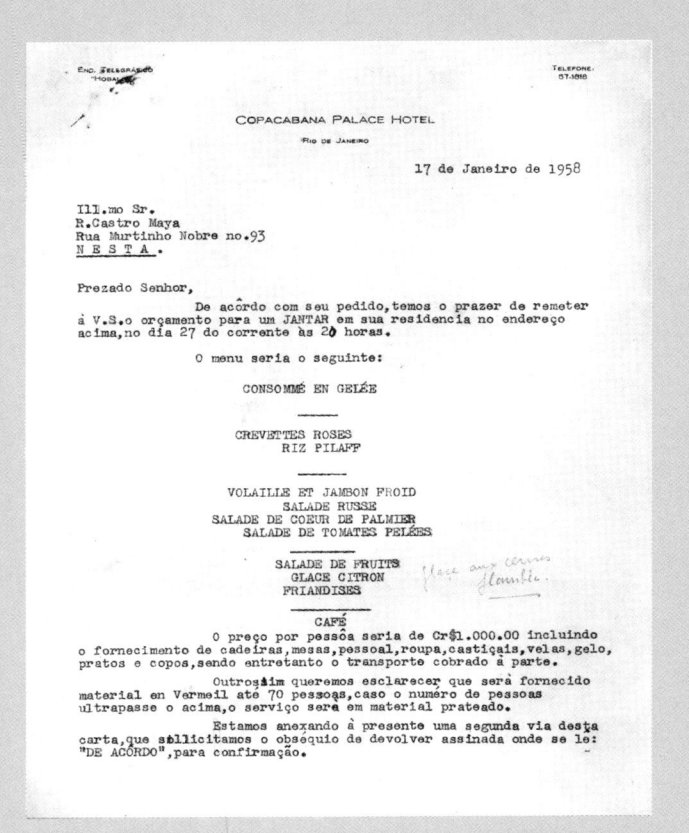

Orçamento do Copacabana Palace para o menu da festa no MAM.

X; Paulo Sampaio.

influência marcante de Cézanne. Derain refugia-se na tradição do classicismo francês, produzindo obras inexpressivas como a pintura *Les Naiades*, da década de 30, pertencente ao acervo do colecionador. Van Dongen, por sua vez, aproxima-se dos expressionistas alemães, filiando-se em 1908 ao *Die Brücke*, numa tentativa de renovar a incisividade fauvista. Mas, como adverte Giulio Carlo Argan, com isto consegue, tão-somente, "temperar com uma ponta de amargura a mundanidade de seus retratos da bela sociedade parisiense".[13]

A obra de van Dongen representa bem esse processo protagonizado pelos antigos artistas fauvistas. Diante da visualidade radicalmente subversiva de Picasso e do cubismo, optam pelo abandono das pesquisas plásticas, convertendo a modernidade pictórica do movimento em tradição. A tela comprada por Castro Maya guarda de seu período fauvista e da influência do expressionismo germânico (e mais particularmente de Kirchner) os contornos vigorosos, as formas audaciosas. Contudo, a temática mitológica, bem como as linhas geométricas ritmadas na oposição de retas e curvas, o cromatismo frio (variando do azul fechado ao amarelo-ouro, sobre uma base de tons de branco, gelo, pérola e areia) e o ornamentalismo convertem a tela numa espécie de depuração do *Art Nouveau*. Paradoxalmente, no lugar da efusão hedonista do *Art Nouveau*, que tende a harmonizar a arte com os tempos modernos, apresenta a visão amarga de sua dissonância.

Embora sem a profundidade da crise egocêntrica de Klimt, van Dongen atualiza as personagens mitológicas, Páris e Helena, substituindo a intenção narrativa pela evocação nostálgica. A sua Helena não é apenas a beldade de Esparta que, ao abandonar seu marido e fugir com Páris, desencadeou a guerra de Tróia. É igualmente a mulher do *demi-monde* parisiense, sucessora daquelas que encontramos na aquarela de Constantin Guys. De seu anel sai um halo de luz verde, que envolve o casal. Mas a rigidez

---

[13] Giulio Carlo ARGAN, *Arte moderna*. São Paulo: Companhia das Letras, 1992. p. 236.

Raymundo de Castro Maya era cosmopolita e brasileiro ao mesmo tempo – figura bonita, tipo de europeu, civilizado e aristocrata.

Freqüentava o Jockey Club, no tempo em que ainda era, como o Country, um clube exclusivo – o Derby era mais popular. Fazia parte daquele grupo bem marcado da sociedade da época, muito amigo do Barão de Saavedra e da Carmen, de Odette e Julio Monteiro.

Tanto gostava de colecionar coisas que achasse bonitas como de receber os amigos, montar a cavalo ou ir pescar no interior, com Bento Cruz.

Às vezes me levava para almoçar em casa – a porta de entrada era larga e dava para um extenso gramado; lembro que ele tinha uma estátua de mármore branco, e havia posto no eixo da porta. Achei inadequado e comentei que os gregos, na Acrópole, não colocaram a estátua no eixo da composição, mas do lado, para participar sem estorvar – imediatamente chamou o empregado e mandou afastar a estátua.

Certa vez, na ausência de guardas num engarrafamento, não teve dúvidas – saltou do carro, assumiu o comando e desembaraçou o tráfego por conta própria.

Era uma pessoa de categoria – não se fabricam mais Castro Mayas.

Lúcio Costa
em 8 de julho de 1997

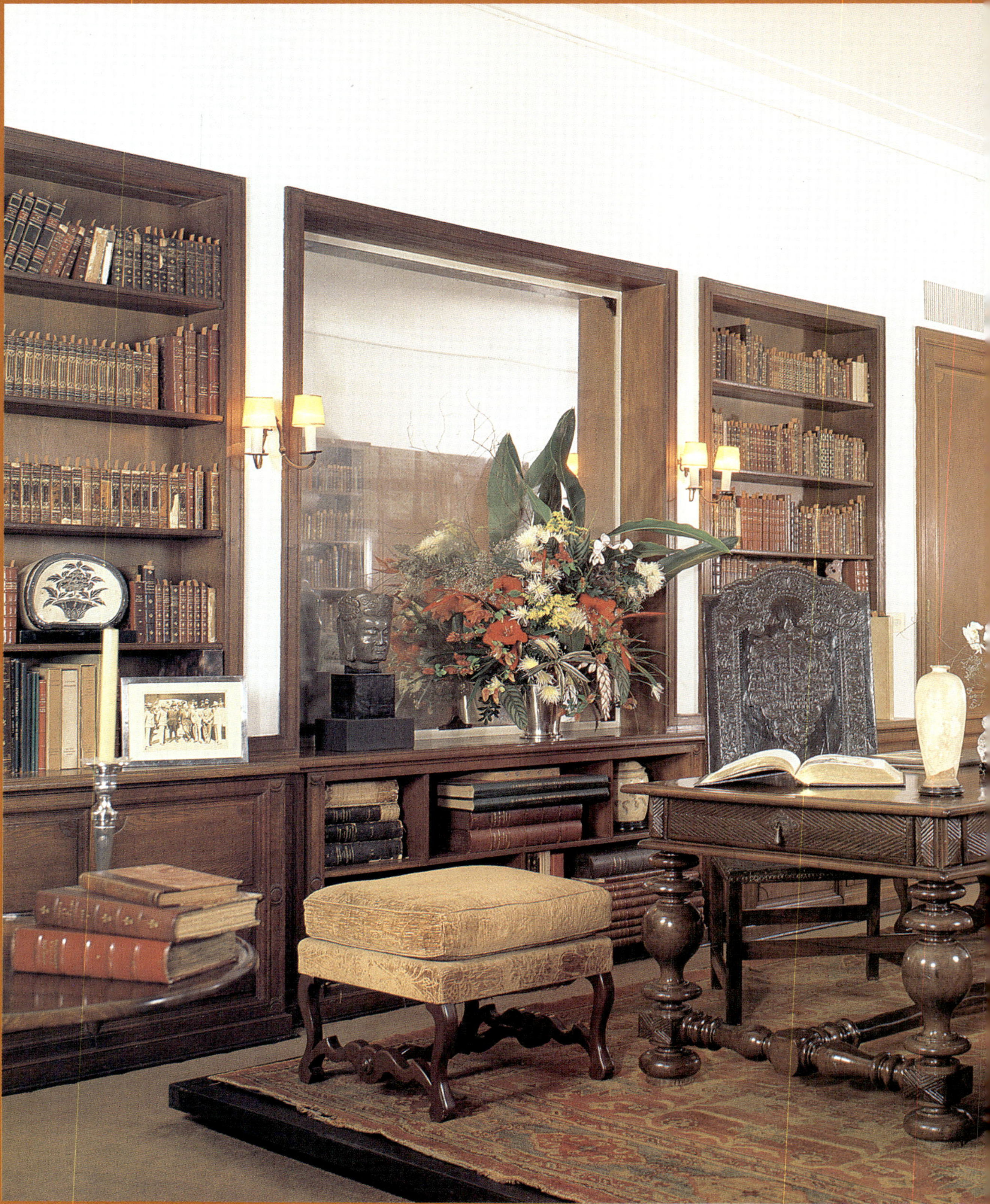

"Ele teve uma vida muito cheia e muito divertida. Sempre ocupado e achando graça em tudo. Tinha mania de fazer coisas. Atrás da biblioteca ele tinha seu atelier, ali ele consertava seus móveis antigos, suas mesas, um monte de coisas para se distrair. Restaurava, tratava e mantia ele mesmo aquelas preciosidades que ele tinha. Uma vez desapareceu um livro dele precioso e ele disse que ia bancar o detetive, o livro sumiu, mas apareceu."

GINA MELLO E CUNHA

geométrica e a ordem inorgânica do quadro impedem que esse envolvimento se consuma, restringindo igualmente a força simbólica do cavalo e da escada, imagens tradicionalmente interpretadas pela psicanálise como metáforas sexuais. Uma beleza fria se insinua no contorno de parte do seio e tronco de Helena, logo desaparecido por baixo da roupa opaca, de pregas duras.

Páris, por sua vez, conserva pouco de sua habitual força e valentia, que lhe valeu o sobrenome de Alexandre, na forma musculosa do braço e nos olhos rasgados. Entregue ao abraço de Helena - pela promessa de cujo amor havia julgado Afrodite como a mais bela, diante das deusas Atena e Hera - parece, antes, passivo, tendo sua virilidade metamorfoseada na verticalidade da figura. Nessa afirmação estética e socialmente convencional da harmonia do desejo sexual, van Dongen apresenta o seu ideal de uma arte moderna adaptada à realidade da "bela sociedade" urbana e burguesa.

"Aquela varanda, aquele jardim de inverno era delicioso, tinha um bar, um sofá de couro, uma mesa redonda muito bonita e era ali que nós jogávamos nosso bridge. Raymundo gostava muito de bridge. Fim de semana ele telefonava e nós íamos jogar, sábado ou domingo, geralmente era domingo à tarde, e depois jantávamos, era muito agradável."

Gina Mello e Cunha

O que aproxima Castro Maya dessa obra é o seu afã em converter a modernidade numa tradição, a fim de dar seguimento ao processo civilizatório. Deste fazem parte o convencionalismo, o decoro, a moral, tanto quanto a ousadia e o ímpeto modernizador. Da mesma forma que na *Helena* de van Dongen, é a beleza que unifica esses contrários. Para Helena, ser bela permitia-lhe assumir uma posição ambígua: fugida de Esparta, era, em Tróia, amiga dos inimigos, e só se salvou da morte, desejada tanto pelos troianos ameaçados quanto pelo antigo marido abandonado, ao deixar cair a roupa e revelar uma beleza inviolável. Para van Dongen, a beleza é, a um só tempo, moderna e convencional, oferecendo a justificativa amarga para os escândalos morais da sociedade francesa. Para Castro Maya, é a qualidade intrínseca aos objetos que, quando descoberta, possibilita a percepção da continuidade entre a realidade e o sujeito, e transforma a criação artística no lugar privilegiado da civilização.

Este é o sentido do desinteresse que leva Castro Maya a formar a sua coleção. Situada na fronteira entre gratuidade e objetivo, desordem e classificação, a coleção Castro Maya aparece como uma superfície, a um só tempo reflexiva e permeável ao processo modernizador da sociedade brasileira, em cuja base situa-se a mesma "gratuidade" que manifesta em suas festas e recepções. Castro Maya, na realidade, recusava o epíteto "colecionador", na tentativa de diferenciar-se de proprietários interesseiros ou daqueles acumuladores de objetos desprovidos de uma marca pessoalizante. Evocando a "emoção estética" proporcionada pela "obra em si", pretende ser preferencialmente identificado como um "amante das artes".[14] Desse amor surgiram as inúmeras sociedades culturais e museus que ajudou a criar (Os Cem Bibliófilos do Brasil, Os Amigos da Gravura, o Museu de Arte Moderna do Rio de Janeiro, o Museu de Arte Sacra da Imperial Irmandade da Glória do Outeiro), que o convertiam num verdadeiro mecenas moderno.

(14) Marcos Santarrita, "Arte e solidão habitam na bucólica Chácara do Céu". Revista *GAM*, nº 6. Rio de Janeiro, maio de 1967. BCM.

Reunidas, as obras de arte adquiridas por Castro Maya formam, junto com as lembranças e registros de suas festas, o que Walter Benjamin chamou de "enciclopédia mágica", onde tudo o que é pensado, lembrado ou conscientizado torna-se o cenário de seu destino. É nesse intérprete do destino moderno que ele se transformou enquanto colecionador e anfitrião, capaz de escrever uma peculiar história de amor ao mundo, na qual a beleza, só desvelada pelo desinteresse, é a única possibilidade de continuidade entre o sujeito e o mundo, entre a cultura física de seu corpo e a civilização que pretende construir.

E qual poderia ser o brasão dessa prática desinteressada, simultaneamente reflexiva e permeável, senão o espelho que faz instalar atrás de sua mesa de trabalho na biblioteca da Chácara do Céu? Nele se inscrevem os livros que, por sua vez, espelham as narrativas literárias e de viajantes.[15] Nele também aparece, fragmentada pelo reflexo do lustre de cristal sueco, a aquarela *Portrait d'une jeune veuve* (Retrato de uma jovem viúva) de Modigliani, líder da Escola de Paris até 1920. Colocada por Castro Maya em moldura cusquenha, cheia de pequenos pedaços de vidro espelhado, essa obra tornou-se um ícone da forma singular como o colecionador se apropriou de cada objeto que adquiriu, bem como de toda tradição artística na qual se inseria.

Enquanto emblema, o espelho da biblioteca repete-se no ato de reflexão e fragmentação de imagens que ocorre em cada um dos muitos lagos ou espelhos d'água que pontuam as suas propriedades, ou nas múltiplas janelas da Chácara do Céu, que refletem o interior no exterior e vice-versa. O espelho é o fundo histórico, o reflexo simétrico e deslocado da imagem da própria coleção. Mas é, igualmente, uma continuação do olhar do próprio colecionador, no qual nos vemos a nós mesmos refletidos, vistos e videntes, parceiros na determinação do significado desta coleção.

---

(15) Inspirei-me, aqui, na associação de Walter BENJAMIN entre espelho e literatura na cidade de Paris, que aparece em seu ensaio "Paris, a cidade no espelho". *In: Obras escolhidas II. op. cit.* pp. 195-198.

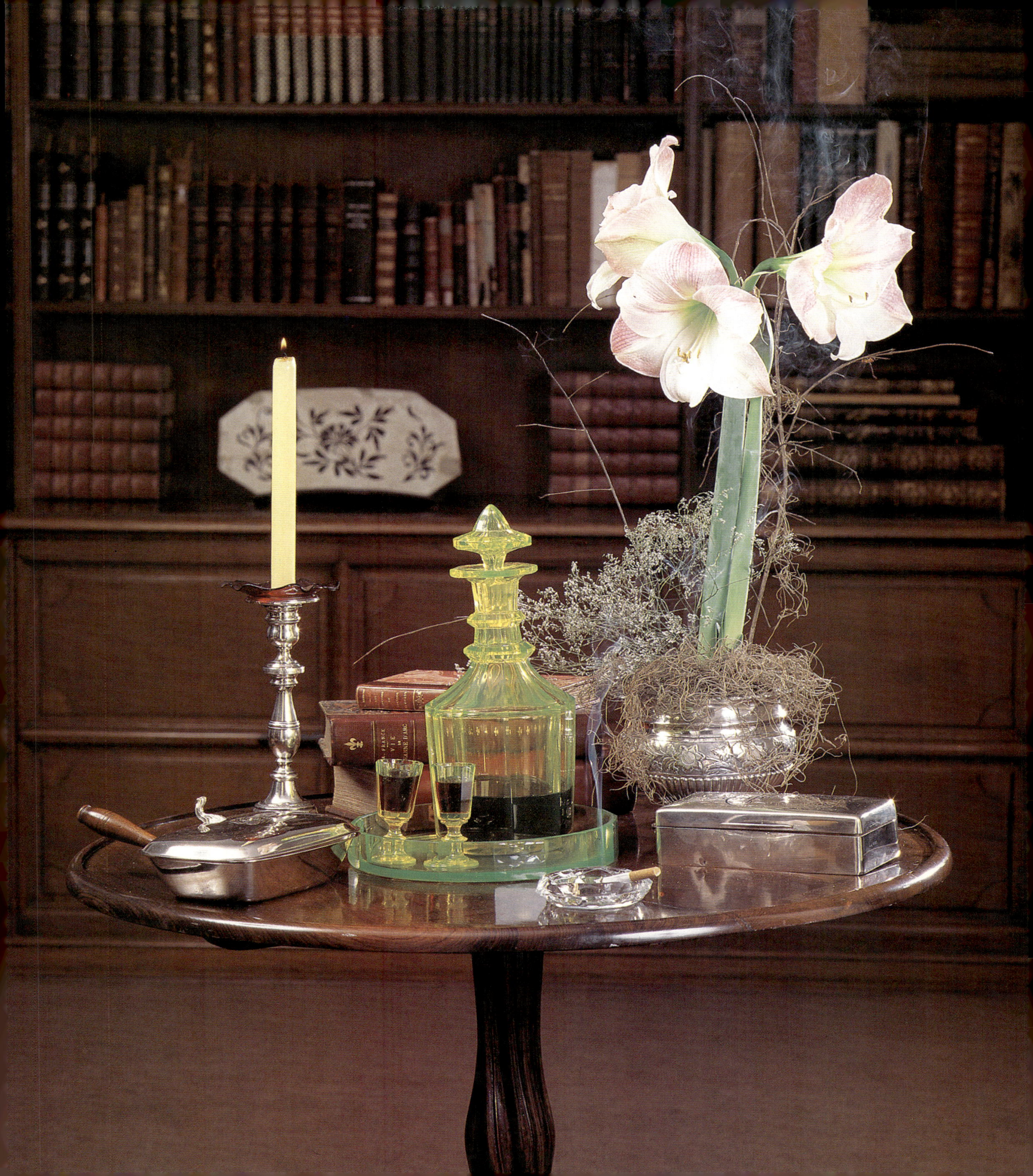

Só conheci o aspecto *GOURMET*/festeiro de Castro Maya nos jantares da Sociedade dos Cem Bibliófilos, que aconteciam todos os anos para apresentação do livro do ano, leilão das ilustrações, e anúncio do livro seguinte, mas lembro que esses jantares uniam a gastronomia à bibliofilia - duas coisas que reunidas num evento o tornam inesquecível. Meus contatos com Castro Maya sempre me permitiram ver nele um personagem que tranqüilamente se enquadraria nas boas figuras de Eça de Queirós!

José Mindlin
em 28 de agosto de 1997

Nos desenhos que Castro Maya costumava fazer como estudos de decoração da Chácara do Céu, há uma grande variedade de possibilidades para a arrumação da sua biblioteca. Em todas elas, porém, o espelho está presente, ladeado ora pelos decorativos *Blackamoors* venezianos do século XVIII, ora pelo par de arcas indo-portuguesas oitocentistas. A opção final coloca-o no centro de um móvel-estante, ao estilo dos que ocupam a parede em frente, situado entre duas portas ladeadas, por sua vez, pelo par de armários orientais. A rigorosa simetria repete-se em toda a Biblioteca: na parede à frente duas estantes e duas portas, com um espaço central; à janela quadrada que dá para o jardim corresponde outra, igualmente quadrada, voltada para a fachada da entrada da casa; o lustre de cristal sueco situa-se entre duas grandes luminárias redondas de vidro fosco. Em todo o espaço a lógica é a da reflexão. Tudo aparece duplicado e reduplicado pelos espelhos, vidros, cristais e janelas, ou ainda pelas peças de prataria que repousavam em sua mesa de trabalho e pelas texturas vidradas das cerâmicas orientais que ornamentam a biblioteca desde então.

Uma questão, contudo, se impõe: qual a razão de ser dessa duplicação especular? Se a duplicação é lógica intrínseca à própria ordenação do espaço da biblioteca, de que serviria uma duplicação artificial? Seria esta a prova da finitude e dos limites da coleção? Ou seria, como o espelho do saguão da Biblioteca de Babel, descrita por Borges,[16] a figuração e a promessa do infinito?

Enquanto brasão intelectual, o espelho é a superfície onde o colecionador grava o texto e a imagem de sua coleção, inversão formal do próprio ato de colecionar. É o lugar onde, a um só tempo, se afirma e se anula o narcisismo do colecionador. É dessa superfície que brota, antes mesmo de experimentarmos cada livro ou cada obra colecionada, a figura final da coleção Castro Maya, tão próxima da caracterização de Borges da biblioteca original: "iluminada, solitária, infinita, perfeitamente imóvel, armada de volumes preciosos, inútil, incorruptível, secreta".[17]

[16] Jorge Luis BORGES, "La Biblioteca de Babel". *In: Obras completas*. 1923-1972. Buenos Aires: Emece Editores, 1974.

[17] *Idem.* p.471.

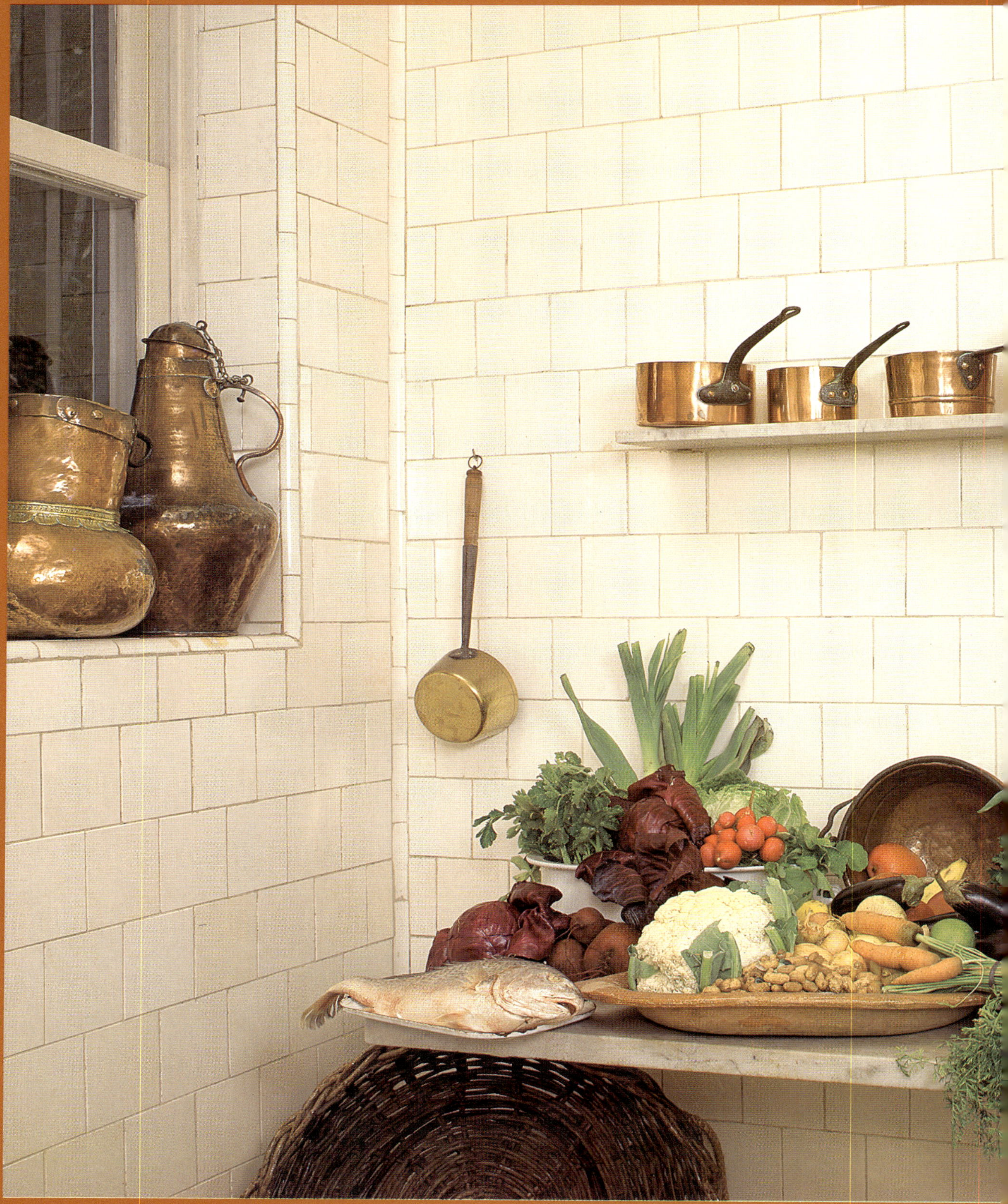

"Comia horrores, comia coisas que ninguém comia. Fazia aquelas comidas de solteiro muito temperadas. Aquelas carnes. Um dia foi muito engraçado, ele fez um bacalhau que o Barão de Saavedra gostava muito: comum, com cebola, sem nada de especial, mas ele enfeitou tão criativamente que ficou grandioso."

Gina Mello e Cunha

Menus & Receitas

Interpretadas por
Claude Troisgros

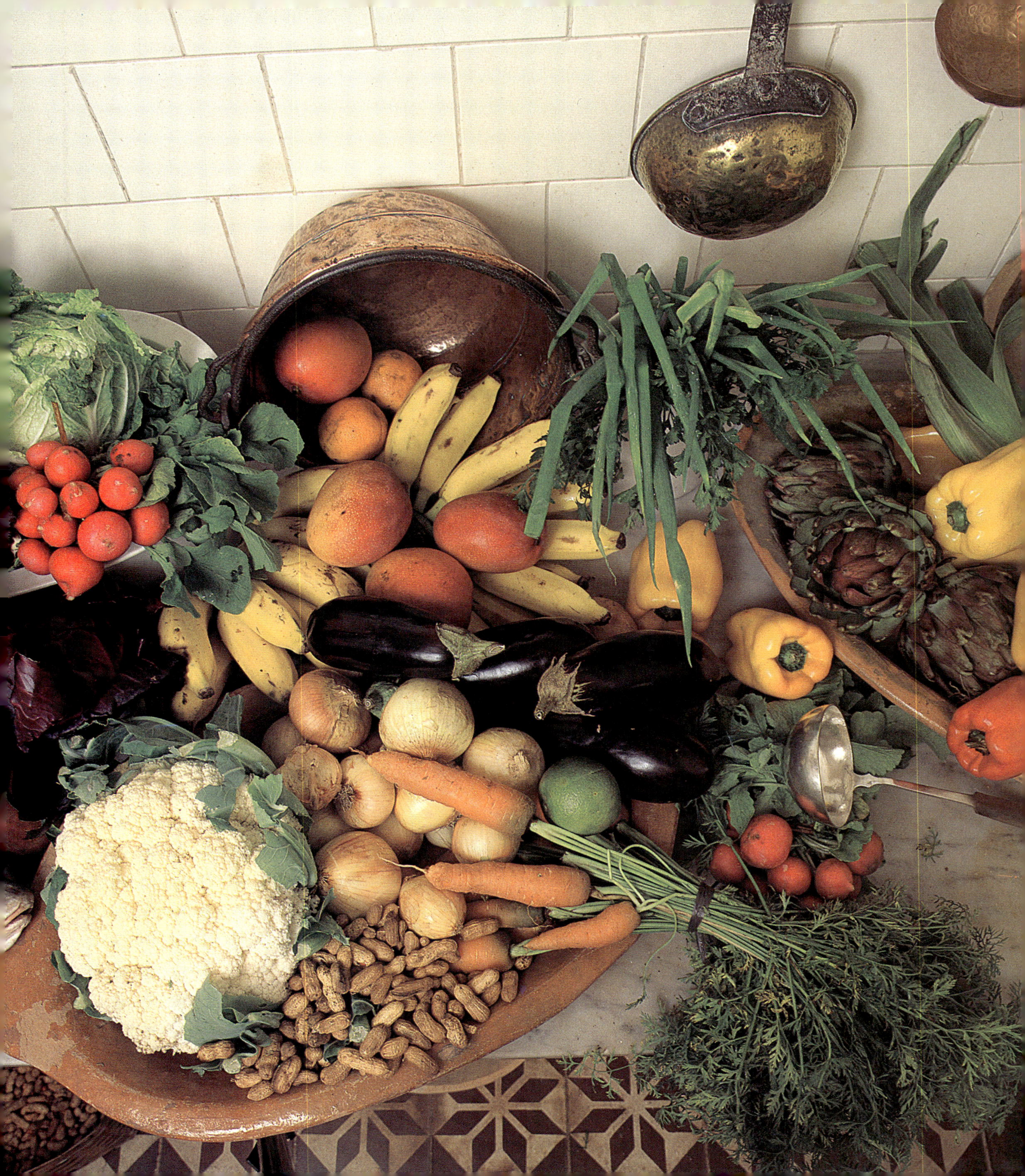

Tomás Santa Rosa Junior • Água - forte - 1944 /45
Ilustração para menu do banquete de lançamento do livro
"Espumas Fluctuantes" de Castro Alves
Rio de Janeiro, 29 de abril de 1947

Oxtail Clair en Tasse

Tranche de Badejo Belle Meunière

Roast Beef

Carottes Vichy et Pommes à la Crême

Poires Belle Hélène

Friandises

Oxtail Clair En Tasse

Oxtail, sopa de origem inglesa. É muito conhecida por ser forte e afrodisíaca. Pode dar-se um toque brasileiro acrescentando-se batata-baroa, quiabo, chuchu e abóbora.

Rabada • Cortar 1kg de rabada em 5 pedaços. Ferver 3 minutos na água. Deixar resfriar. Refogar estes pedaços no óleo até uma boa coloração e juntar: 1 cebola, 1 cenoura, 1 talo de aipo, 2 dentes de alho, 1/2 colher de sopa de tomate concentrada. Acrescentar 3 litros de caldo de frango à água e cozinhar lentamente durante 4 horas. Retirar do fogo e juntar para infusão: 1 colher de chá de pimenta-do-reino branca quebrada, 1 colher de tomilho, alecrim, sálvia e manjericão. Provar os temperos e passar na peneira.

Legumes • Cortar em bolinhas de tamanho pequeno (petit-pois): cenoura, nabo e beterraba (cortar 12 bolinhas de cada legume) Cozinhar separadamente na água com sal.

Toque Final • Colocar nas taças a rabada desfiada (sem ossos), os legumes coloridos e o caldo de carne (oxtail), bem quente.

◆

Tranche De Badejo Belle Meunière

O termo Belle Meunière não consta nos dicionários gastronômicos. Imagina-se que tenha sido criado para valorizar os pratos de peixe.

Temperar com sal e pimenta 4 filés de badejo de 180g cada um. Passar no leite frio e em seguida na farinha de trigo. Fritar imediatamente na manteiga (5 minutos de cada lado), até ficar bem dourado. Retirar os filés da panela e colocar numa travessa quente. Regar com suco de 1 limão e colocar em cima a salsa crespa lavada e fervida na água.

Na Hora De Servir • Regar os peixes com manteiga noisette (cor e cheiro de avelã), temperar com sal e pimenta do moinho. Deve chegar na mesa ainda bem quente.

Dica • Qualquer tipo de peixe pode ser usado nesta receita. Os melhores são: linguado, truta.

◆

Roast Beef

Temperar 1 filé mignon de 800g limpo com sal e pimenta. Rodear com fatias finas de toucinho, amarrar com barbante e picar com 4 dentes de alho. Descansar em temperatura ambiente durante 1 hora. Em uma frigideira: Dourar rapidamente na manteiga o filé, de todos os lados, e juntar 1 cebola fatiada, tomilho, louro e alecrim. Colocar 18 minutos no forno a 250°C para ter ele mal passado. Descansar alguns minutos, retirar os barbantes e fatiar.

Molho • Retirar a gordura da panela de cozimento Caramelizar as cebolas ao fogo alto (sem queimar). Regar com: 1 copo de vinho tinto, 5 copos de caldo de carne, 1 colher de chá de tomate concentrado. Reduzir até a metade e provar os temperos antes de peneirar.

Toque Final • Arrumar as fatias de roast beef numa travessa longa, decorar com folhas de agrião, colocar o molho em molheira (nunca regar a carne de roast beef), servir os legumes à parte.

◆

Carottes Vichy

Cortar 6 cenouras em rodelas finas e ferver rapidamente na água com sal. Deixar resfriar. Colocar numa panela e cobrir com 1/2 litro de água, 8g de sal, 40g de açúcar e 85g de manteiga. Ferver até a evaporação total da água para obter uma forma de xarope. Arrumar numa travessa funda e salpicar com salsinha picada.

◆

Pommes à La Crème

Cozinhar 6 batatas inteiras na água com sal. Retirar a pele e cortar em fatias grossas. Colocar numa panela e cobrir com creme de leite fresco fervendo. Misturar sem parar durante 5 minutos Provar os temperos e na hora de servir, acrescentar 60g de creme de leite frio.

◆

Poires Belle Hélène

O título da ópera de Offenbach, de muito sucesso no ano de 1865, deu nome a esta sobremesa das mais tradicionais.

Descascar as pêras Williams, cortar pelo meio e retirar as sementes. Arrumar numa panela funda e cobrir com água, suco de 1 limão, 150g de açúcar, 1/2 fava de baunilha, 1 cravo, 1 pau de canela, 1 anis estrelado. Cozinhar devagarinho durante 15 minutos e deixar esfriar.

Molho de Chocolate • 10 minutos antes de servir, derreter sem ferver 125g de cobertura de chocolate meio amargo em um copo do líquido de cozimento das pêras, 1 colher de manteiga, 1 pitada de sal.

Toque Final • Colocar uma bola de sorvete de creme nas taças de sorvete, dispor em cima as meias pêras. Regar com molho de chocolate quente a vontade.

Alguns chefs gostam de acrescentar creme chantilly e amêndoas.

Lívio Abramo • Xilogravura - 1948

Ilustração para menu do banquete de lançamento do livro
"Pelo Sertão" de Affonso Arinos

Rio de Janeiro, 15 de julho de 1948 • Jockey Club

Potage à la Tortue

Robalo Court - Bouillonné

Pommes de Terre à l'Étuvée

Sauce Hollandaise au Beurre de Crevettes

Filet de Boeuf Truffé

Sauce Demi - Glace

Épinards à la Crême

Fromages

Bombe Glacée Vanille Fraise

Gateaux d'Amandes au Miel

Clóvis Graciano • Água - forte - 1949

Ilustração para menu do banquete de lançamento do livro
"Luzia Homem" de Domingos Olympio

Rio de Janeiro, 14 de dezembro de 1949 • Jockey Club

Consommé Glacé

Filets de Badejo Lucullus

Sauce Crevettes

Medaillons de Filet de Boeuf

Pommes de Terre au Jus

Salade Russe

Gâteau de Pêche à la Condé

Consommé Glacé

CONSOMMÉ • Amarrar 1,5kg de carne de boi magra e juntar 2 mocotós cortados em 4, 3 litros de água fria. Ferver e retirar imediatamente a espuma e a gordura se formando na superfície. Acrescentar 2 cenouras, 1 nabo, 2 alhos-porós amarrados com 1 talo de aipo, tomilho, salsa e louro, 1 cebola picada com 2 cravos, 2 dentes de alho. Ferver a pequena ebulição durante 4 horas retirando sempre gordura e espuma. Passar delicadamente o consommé numa peneira fina.

CLARIFICAÇÃO • Misturar 400g de carne de boi magra moída, 80g de cenoura, 80g de alho-poró também moídos, 2 claras de ovos. Juntar nessa mistura o consommé frio e, sem parar de mexer, subir a temperatura de ebulição. Abaixar o fogo e ferver bem devagarzinho durante 45 minutos. Delicadamente, filtrar num pano molhado. Retirar gorduras sobrando, passando um papel absorvente em cima do consommé. Guardar na geladeira.

LEGUMES • Cortar em bolinhas de tamanho pequeno (petits-pois), cenoura, nabo, batata-baroa, ervilhas e aspargos. Cozinhar separadamente na água com sal.

TOQUE FINAL • Colocar nas taças os legumes e juntar o consommé bem gelado.

Filet de Badejo Lucullus Sauce Crevettes

Lucullus foi um grande general romano, famoso por seus extravagantes jantares gastronômicos.

SAUCE CREVETTES • Descascar 1kg de camarões médios e guardar. Refogar na manteiga: 1/2 cenoura, 1/2 cebola, 1 talo de aipo, 2 dentes de alho. Colocar as cascas de camarões. Refogar 15 minutos, mexendo sempre, até as cascas pegarem uma cor avermelhada. Flambar com cognac. Acrescentar 1/2 copo de vinho branco doce, 1/2 de vinho do porto, 1 copo de caldo de peixe ou água. Reduzir de 1/2 litro. Acrescentar 2 copos de creme de leite, ferver 5 minutos e resfriar. Peneirar prensando bem as cascas para retirar todos os sucos.

BADEJO • Num tabuleiro amanteigado, colocar: 4 filés de badejo temperados com sal e pimenta, 12 cogumelos fatiados e os camarões guardados. Cobrir com o molho de crevettes. Colocar 12 minutos no forno 200°C, coberto com papel alumínio.

TOQUE FINAL • Botar os filés de badejo no centro da bandeja e cobrir de sauce crevettes. Decorar com os camarões, cogumelos, aspargos e trufas.

Medaillons de Fillet de Boeuf Pommes de Terre au Jus

FILET MIGNON • Limpar nervos e gorduras de 1 filé mignon de 800g. Rodear de fatias de toucinho e amarrar com barbante em 8 pedaços. Cortar em 8 rodelas de 100g cada um. Temperar com sal e pimenta e cozinhar na manteiga até o ponto desejado. Retirar os filés da panela e regar com: 1/2 copo de conhaque, 1/2 copo de madère e reduzir quase a seco. Acrescentar 1,5 litro de demi glacê ou água, ferver 3 minutos e peneirar. Verificar os temperos.

POMMES DE TERRE • Descascar e cortar em pedaços 8 batatas. Colocar numa panela amanteigada e regar com o molho do filé mignon. Temperar com sal, pimenta, tomilho e louro. Tampar e colocar ao forno (200°C) durante 40 minutos.

TOQUE FINAL • Retirar barbantes e toucinho dos filés. Colocar em uma travessa. Dispor as batatas na volta, o molho e salpicar de salsa crespa picada.

Salade Russe

Cortar em cubos de 1/2 cm: 2 cenouras, 2 nabos, 2 batatas, 60g de vagem, 60g de petits-pois, todos cozidos ao dente e separadamente na água com sal. Misturar 100g de cogumelos de Paris puxados na manteiga, 80g de presunto, 60g de paio, 80g de carne de lagosta, 20g de alcaparras, 20g de pepinos no vinagre, 8 filés de anchova e 1 trufa com maionese e suco de 1 limão. Verificar os temperos. Colocar numa travessa e decorar com beterraba e caviar.

Gâteau de Pêche à la Condé

RIZ AU LAIT • Lavar 200 g de arroz e ferver 2 minutos na água fervendo salgada. Peneirar e juntar com 9 dl. de leite fervendo, 70g de açúcar, 1 pitada de sal, 1 pitada de canela em pó, 1 fava de baunilha. Cobrir e cozinhar 35 minutos em fogo baixo. Acrescentar 50g de manteiga, 2 gemas de ovo. Resfriar.

PÊSSEGOS • Preparar um caldo feito de: 1/2 litro de água, 300g de açúcar, 1 pau de canela, 1 cravo, 1 anis estrelado, 1 fava de baunilha. Cozinhar 8 pêssegos 20 minutos em fogo baixo. Retirar pele e caroços dos pêssegos e resfriar.

TOQUE FINAL • Moldar o arroz numa travessa redonda. Dispor os pêssegos em cima e decorar com frutas confits e amêndoas. Servir com o caldo perfumado com Kirsch.

Um bom sorvete de baunilha casaria muito bem.

Heloisa de Faria • Litografia - 1950

*Ilustração para menu do banquete de lançamento do livro
"Bugrinha" de Afranio Peixoto*

Rio de Janeiro, 14 de dezembro de 1938 • Jockey Club

Consommé Froid

Badejo Poché

Sauce Mousseline

Filet de Boeuf Braisé au Champagne

Pommes Anna

Bombe Glacée au Kirsch-Ananas

Enrico Bianco • Buril - 1951

Ilustração para menu do banquete de lançamento do livro
"O CAÇADOR DE ESMERALDAS" de Olavo Bilac

Rio de Janeiro, 28 de agosto de 1951 • Jockey Club

POTAGE CRÈME VELOUTÉE DE CÉLERI

CREVETTES À L'AMERICAINE

RIZ À LA VAPEUR

DINDE TRUFFÉE ROTIE

POMMES DE TERRE CHIP

SALADE DE COEURS DE LAITUE

BOMBE GLACÉE FRAISE-VANILLE

Potage Creme Veloutée De Céleri

Limpar, descascar e fatiar 1 aipo. Ferver rapidamente na água salgada e refogar na manteiga, sem nenhuma coloração. Regar com 3 dl de molho bechamel e cozinhar em fogo baixo durante 15 minutos. Passar no liqüidificador e peneirar. Verificar os temperos e, antes de servir, acrescentar 2 colheres de sopa de creme de leite. Salpicar de coentro em folhas.

◆

Crevettes À L'Americaine

Descascar 24 camarões VG, retirar o intestino e temperar. Puxar rapidamente no azeite e guardar para mais tarde. Na mesma panela refogar as cascas e cabeças picadas de camarões até avermelhar. Juntar 1/2 cenoura, 1/2 cebola, 1 talo de aipo, 2 dentes de alho, 2 tomates picados (sem pele e sementes), 1 colher de tomate concentrada, 1 casca de laranja, salsa e estragão. Flambar com conhaque e regar com 1/2 litro de vinho branco doce, 1/2 litro de caldo de peixe ou água. Ferver, tampar e cozinhar em fogo baixo durante 20 minutos. Peneirar, apertando bem as cascas para retirar todo o suco. Ferver de novo e acrescentar 1 boa colher de manteiga, pimenta de cayenne, sal e suco de limão. Juntar os camarões pré-cozidos ao molho e salpicar de salsa crespa.

◆

Riz à La Vapeur

Lavar 2 copos de arroz e colocar numa panela funda. Cobrir com 4 copos (1/2 litro de água fria, ligeiramente salgada). Ferver 5 minutos, tampar e cozinhar em fogo baixo até a água secar totalmente. Servir numa bandeja à parte.

◆

Dinde Truffée Rotie

RECHEIO • Passar no mixer: 1/2kg de toucinho, 250g de foie gras. Passar numa peneira fina e temperar com sal e pimenta. Acrescentar a pele picada de 3 trufas. Derreter este recheio, temperar com tomilho e louro em pó. Colocar em fogo baixo durante 10 minutos. Regar com 2 colheres de conhaque e resfriar.

PREPARAÇÃO • Fatiar 2 trufas, temperar e marinar 10 minutos no conhaque. Enfiar estas lâminas entre a pele e a carne do peru. Rechear com o recheio já preparado. Fechar totalmente o peru com ajuda de barbante e cobrir com fatias finas de toucinho. Cobrir de papel laminado e colocar 24 horas na geladeira.

COZIMENTO • Colocar no forno (200°C) o peru recheado, 25 minutos por kg de carne. Retirar do forno e apresentar numa travessa.

MOLHO • Regar a panela de cozimento com 2 copos de conhaque, 1 copo de madère. Reduzir e acrescentar 1/2 de Demi Glace e caldo de frango. Ferver 10 minutos, verificar os temperos e finalizar com 1 trufa picada e 1 boa colher de manteiga.

TOQUE FINAL • Regar o peru de molho trufado. Servir com batata chip e salada de coração de alface.

◆

Pommes De Terre Chip

Descascar as batatas e cortar em lamelas finas. Colocar na água fria 10 minutos e secar num pano bem seco. Fritar no óleo até dourar. Secar de novo num pano para retirar a gordura. Salpicar de sal.

◆

Salade De Coeurs De Laitue

Retirar e lavar o centro das alfaces. Temperar com molho vinagrete, 1 colher de mostarda forte de Dijon, 2 colheres de velho vinagre de vinho tinto, sal e pimenta, 5 colheres de azeite.

◆

Bombe Glacée Fraise-Vanille

BOMBE • Bater 16 gemas de ovo, 1/2 litro de syrup (4 dl água + 250g de açúcar), no banho-maria, sem parar de bater até a mistura ficar espessa e espumando (pão-de-ló). Passar numa peneira fina e colocar no gelo. Bater até ficar totalmente frio. Incorporar 1/2 litro de creme chantilly Perfumar com baunilha e kirsch.

MONTAGE • Colocar sorvete de morango em todas as partes de uma fôrma redonda. Botar no congelador 1/2 hora. Colocar no centro a bombe e fechar bem a fôrma com papel plástico. Botar 4 horas no congelador.

TOQUE FINAL • Retirar a bombe glacée da fôrma. Decorar em volta com morangos, creme chantilly e amêndoas.

Iberê Camargo • *Água - tinta - 1952*

Ilustração para menu do banquete de lançamento do livro
"O Rebelde" de Herculano Marcos Inglez de Souza
•
Rio de Janeiro, 19 de agosto de 1952 • *Country Club*

Crème Andalouse
▸
Filets de Sole Favart
▸
Poulet en Cocotte Bonne Femme
▸
Soufflé Glacé au Chocolat

O CANTO DOS NEIRINHO

Darel Valença Lins • Água - forte - 1954

Ilustração para menu do banquete de lançamento do livro
"Memórias de um sargento de milícias" de Manuel Antonio de Almeida

Rio de Janeiro, 26 de janeiro de 1954 • Country Club

Consommé Froid
▸
Crevettes à L'américaine
▸
Riz Pilaff
▸
Chateaubriand Grillé
▸
Pommes Anna
▸
Bombe de Fruits

Cláudio Corrêa e Castro • *Água - forte - 1955*
Ilustração para menu do banquete de lançamento do livro
"Três Contos" de Lima Barreto
Rio de Janeiro, 5 de julho de 1955 • *Country Club*

Crème de Tomates

Filet à la Broche

Sauce Béarnaise

Pommes Anna

Carottes vichy

Petit Pois

Salade Printanière

Bombe à la Crème aux Cerises Flambées

Napoleon Potyguara Lazzaroto, dito Poty.   Água-forte e água-tinta - 1956

Ilustração para menu do banquete de lançamento do livro
"Canudos" de Euclides da Cunha

Rio de Janeiro, 13 de agosto de 1956   Country Club

Crevettes Thermidor

Riz Pilaff

Tournedos à la Beaugency

Pommes de Terre Paille

Salade Saison

Bombe Surprise

Eduardo Sued • Água-forte e água-tinta - 1966
Ilustração para menu do banquete de lançamento do livro
"As Aparições" de Jorge de Lima
Rio de Janeiro, 22 de setembro de 1966 • Country Club

Consommé aux Pátes d'Italie

Cóntre - Filet Braisé à la Bourgeiose

Petit - Pois et oignons à la Française

Pommes et carottes Nouvelles

Savarin aux Fruits à la Chantilly

Cícero Dias • Água-forte e água-tinta - 1967

Ilustração para menu do banquete de lançamento do livro
"Ciclo da Moura" de Augusto Frederico Schmidt

Rio de Janeiro, 25 de julho de 1967 • Country Club

Potage Crème Veloutée de Céleri

Cœur de Filet de Pré - Salé

Garniture de Legumes

Fraises à la Ritz

Café

"Raymundo gostava de whisky e vinho. Ele trazia da Europa vinhos muito bons, excelentes, naquele tempo era preciso, e a pessoa podia trazer, não havia dificuldade nenhuma."

Gina Mello e Cunha

Möet Chandon - Brut Impérial, 1955
Vins de Bordeaux - Mission Haut Brion, 1957
Vins de Bordeaux - Chateau Latour, 1954
Vins de Bordeaux - Chateau Latour, 1958
Champagne - Red Label, 1961 Courvoisier
Carpano Dubonnet Xeres Seco Porto Royal Sandeman
Armagnac Ducastaing - X. O. Bernard VII
Sherry Seco (Xeres) Anjou Rosé Spécial
Mersault - branco Ferriere Pomerol - tinto
Traminer - branco Montrose Pouilly-Fuisse - branco
Vins de Bordeaux - magnums Palmer Margaux
Vins de Bordeaux - magnums Pichon Longueville Baron
Chateau Gruaud Larose, 1961   Chateau Talbot, 1961

Anos 20: Início da Maturidade

"Ele era essencialmente europeu no espírito; não falava inglês. Várias vêzes nos encontramos em Paris: ele gostava especialmente de Paris."

Gina Mello e Cunha

Cronologia

1894 Filho de Raymundo de Castro Maya e Theodósia Ottoni de Castro Maya, nasce no dia 22 de março, em Paris, onde seu pai ocupou, a partir de 31/10 o cargo honorífico de Vice-Cônsul brasileiro.   **1899** - Vem para o Brasil, passando a residir em Santa Teresa.   **1913** - O seu pai, Raymundo de Castro Maya, adquire a propriedade da Estrada do Açude, Alto da Boa Vista.   **1917** - Até este ano, reside na residência de Santa Teresa, chamada desde então Chácara do Céu.   **1921** - Compra, em leilão, móveis e objetos para a casa do Alto da Boa Vista. Inicia a reforma desta casa, adotando o estilo neocolonial brasileiro.   **1922** - A Chácara do Céu é alugada à legação da Noruega no Brasil, até 1924.   **1923/25** - Junto com seu irmão Paulo, monta apartamento em Paris, para o qual adquire mobiliário e objetos.   **1930** - Desta década em diante, dedica-se à pesca esportiva em Arraial do Cabo, onde possui casa com Cesar Mello e Cunha.   **1931** - Oferece para amigos uma festa do dia de Reis no Açude.   **1934** - O bailarino russo Serge Lifar dança *L'Après-Midi d'un Faune* nos jardins do Açude   **1935** - Falece seu pai, Raymundo de Castro Maya, do qual recebe 25% dos bens, incluindo as propriedades do Alto da Boa Vista e de Santa Teresa. **1936** - Oferece, em sua residência do Alto da Boa Vista, baile à fantasia, cujo tema são os quadros do Louvre. Compra a Fazenda de Cachoeira Dourada, Goiás   **1937** - Organiza, em sua residência do Alto da Boa Vista, um baile de *reveillon* à fantasia, cujo tema era o "Circo Pery".   **1938** - Participa da redação do Código de Pesca brasileiro, aprovado pelo Decreto-lei nº 794, de 19 de outubro de 1938.   Institui a taça Raymundo de Castro Maya, competição anual de pesca do Fluminense Yatch Club.   **1940** - Assume o cargo de representante oficial da International Game Fish Association no Brasil.   **1943** - Getúlio Vargas almoça em sua residência do Alto da Boa Vista.   Oferece aos amigos uma ceia de natal em sua casa no Alto da Boa Vista, antecedida pela Missa do Galo celebrada na Capela Mayrink.   Funda a Sociedade dos Cem Bibliófilos do Brasil, para o que irá montar a Gráfica de Artes S.A.   É nomeado pelo Prefeito do Distrito Federal, Henrique Dodsworth, através do Ofício nº 678, coordenador dos trabalhos de reforma da Floresta da Tijuca, pelo salário simbólico de um cruzeiro anual, cargo em que permanece até 1947.   A antiga Chácara do Céu é alugada à Embaixada do Canadá no Brasil, até 1949.   Participa, como tesoureiro, da organização do espetáculo de gala "Cega-Rega", em benefício dos prisioneiros de guerra franceses, realizado em 6 e 7 de julho, no Teatro Municipal de São Paulo.   **1944** - Bênção da Capela Mayrink, restaurada por Castro Maya como administrador da Floresta da Tijuca.   **1946** - Recebe Nelson Rockefeller na residência do Alto da Boa Vista, com quem discute sobre a fundação de um Museu de Arte Moderna no Rio de Janeiro.   Recebe em sua casa do Alto da Boa Vista o Príncipe e Princesa Czartoryski.   **1947** - Oferece almoço em homenagem ao Presidente do Chile e Sra. Gonzales, na residência do Alto da Boa Vista.   **1948** - Recebe na sua casa do Alto da Boa Vista, o diretor do Museu do Louvre (Paris), René Huyghe.   Participa da fundação do Museu de Arte Moderna do Rio de Janeiro, do qual foi o presidente até 1952.   **1949** - Participa da organização da exposição "Pintura Européia Contemporânea", para inaugurar a nova sede do Museu de Arte Moderna do Rio de Janeiro, na Av. Presidente Vargas.   É capitão da equipe brasileira de pesca na International Tuna Cup Match, posto que também ocupa em 1950 e 52.   **1950** - Recebe em sua residência no Alto da Boa Vista o Príncipe Bernhard, dos

Cronologia

Países Baixos.   **1951** - Recebe diploma e placa de Oficial de Legião de Honra.   **1952** - Oferece almoço em homenagem ao amigo Cesar Mello Cunha, recordista mundial da pesca do olho-de-boi.   Recebe placa da Ordem Soberana e Militar de Malta.   Demite-se do cargo de presidente do MAM-RJ   **1953** - Morre sua mãe Theodósia Ottoni de Castro Maya.   **1954** - Seleciona o anteprojeto do arquiteto Wladimir Alves de Souza, para a construção da nova Chácara do Céu, terminada em 1958.   **1955** - Captura o primeiro marlin do Atlântico Sul, em Cabo Frio, praticando pesca esportiva.   **1958** - Oferece jantar, em sua residência de Santa Teresa, celebrando a inauguração do MAM e a abertura da Chácara do Céu aos amigos, ao qual comparece o presidente da República, Juscelino Kubitschek.   **1959** - Recebe a Medalha Anchieta.   Recebe certificado de membro do Cercle des Amis de la Veuve (Clicquot). França, Remis.   **1961** - O presidente Juscelino Kubitschek visita a sua fazenda em Cachoeira Dourada.   **1962** - Oferece almoço à Sua Alteza Real o Príncipe Philip em sua residência do Alto da Boa Vista.   Vende a Fazenda de Cachoeira Dourada, para Centrais Elétricas de Goiás.   Cria a Fundação Cultural Raymundo Ottoni de Castro Maya, cuja personalidade jurídica é firmada em 1963, tendo como sede a sua antiga residência no Alto da Boa Vista, aberta ao público em 1964 como Museu do Açude   **1963** - Em viagem à Europa, sofre um enfarte, ficando hospitalizado por três meses.   Recebe a condecoração Marechal Cândido Mariano da Silva Rondon, pela Sociedade Geográfica Brasileira.   **1964** - A Fundação Cultural Raymundo Ottoni de Castro Maya é registrada no Ministério da Educação.   **1965** - O presidente Castello Branco visita à Fundação Raymundo Ottoni de Castro Maya.   Passa três semanas de junho em Zurique (Suíça), fazendo check-up.   **1966** - A princesa Fatemeh Pahlevi, irmã do Xá Mohamed Reza Pahlevi, visita o Museu do Açude.   A princesa da Dinamarca visita a Fundação Raymundo Ottoni de Castro Maya.   Recebe a medalha Machado de Assis, da Academia Brasileira de Letras, pelo estímulo ao desenvolvimento das atividades culturais e artísticas no Brasil.   **1967** - Oferece almoço, no Museu do Açude, ao Presidente da Fundação Calouste Gulbenkian, José de Azeredo Perdigão.   Cede o espaço do Museu do Açude ao Ministério das Relações Exteriores, para almoço oferecido aos herdeiros do trono japonês, Akihito e Michito.   Oferece um almoço ao Conselho Federal de Cultura na Fundação Raymundo Ottoni de Castro Maya.   Recebe o Rei Olavo V da Noruega em visita a Fundação Raymundo Ottoni de Castro Maya.   É nomeado, pelo presidente da República, membro do Conselho Federal da Cultura, passando a integrar a Câmara do Patrimônio Histórico e Artístico.   Recebe os títulos de Oficial da Legião de Honra da França, Cavalheiro da Ordem de Malta, Membro Benfeitor e Grande Protetor da Irmandade de N. Sra. da Glória   **1968** - Oferece à Assembléia Legislativa um almoço na Fundação Raymundo Ottoni de Castro Maya em comeração ao 2º centenário do nascimento do artista J. B. Debret.   Oferece almoço ao Conselho Estadual de Cultura na Fundação Raymundo Ottoni de Castro Maya.   É nomeado Carioca Honorário pela Assembléia Legislativa do Estado da Guanabara, título que não chegou a receber em vida.   Doa à Fundação Raymundo Ottoni de Catro Maya a sua residência de Santa Teresa - Chácara do Céu - com todo o seu acervo artístico, objetivando a criação de outro museu.   Morre no dia 29 de julho, de infarte, sendo sepultado no dia 30, no Cemitério São João Batista.

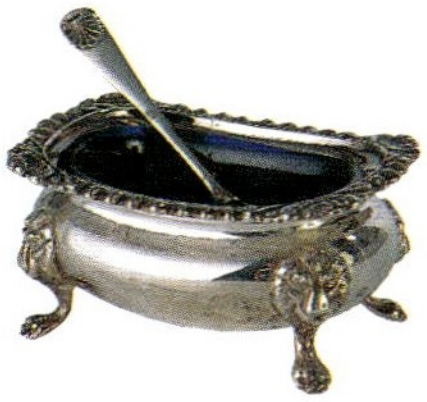
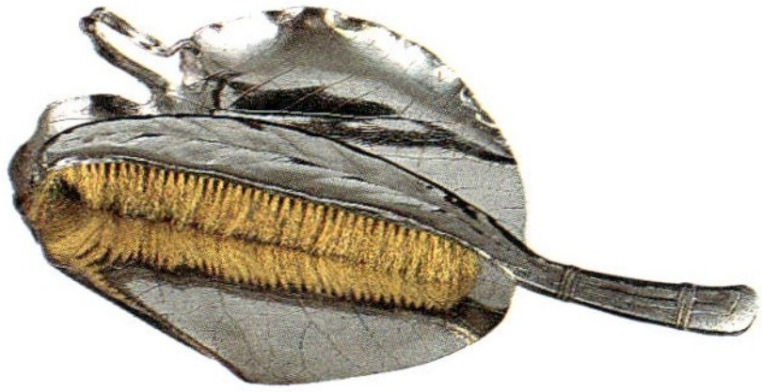
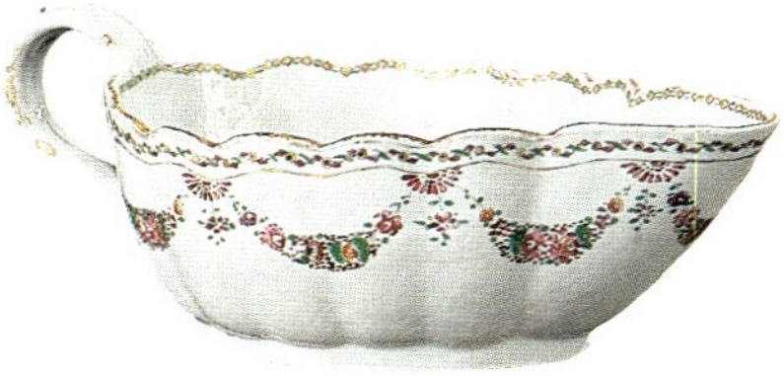
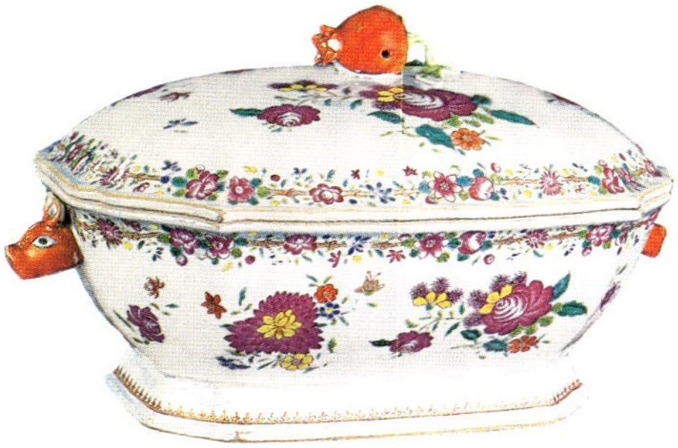
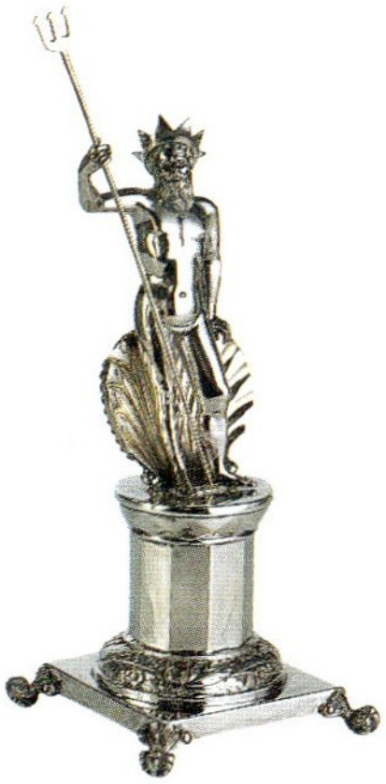
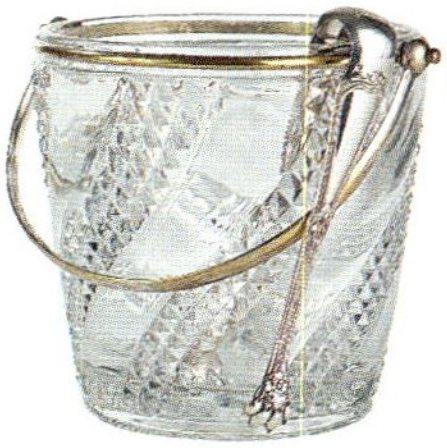
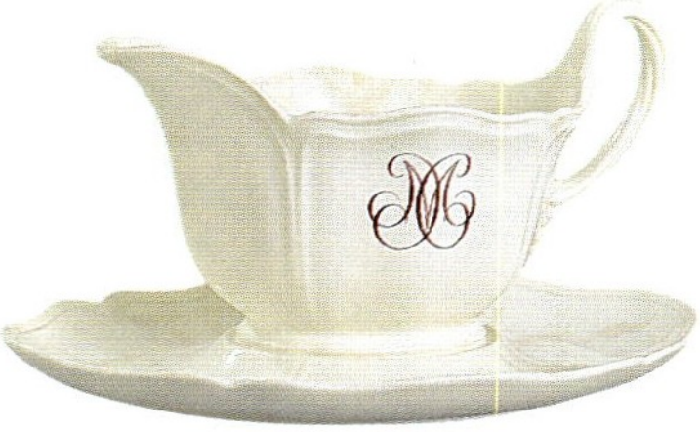
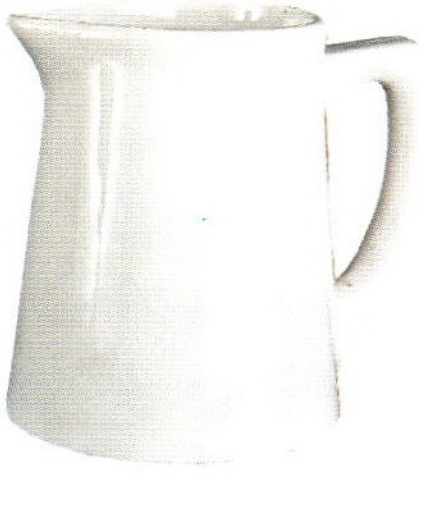
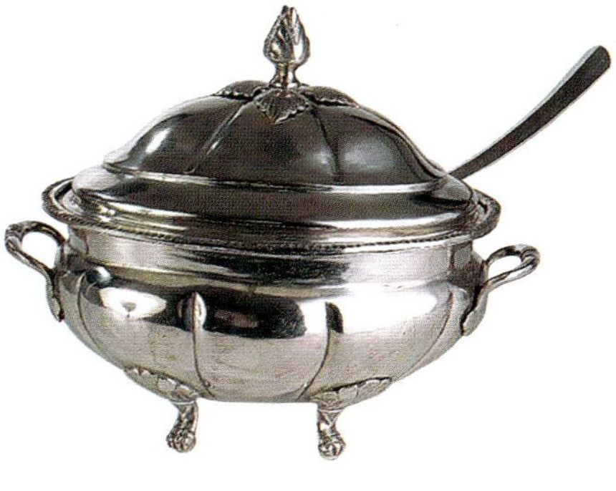